Tee – für Kenner und Genießer

Peter C. Hubschmid

Tee – für Kenner und Genießer

Ein Brevier

ETB
ECON Taschenbuch Verlag

CIP-Kurztitelaufnahme der Deutschen Bibliothek

Hubschmid, Peter C.:
Tee – für Kenner und Genießer: e. Brevier / Peter C. Hubschmid.
Orig.-Ausg. – Düsseldorf: ECON Taschenbuch Verlag, 1985.
(ETB; 20073) (ECON Ratgeber)
ISBN 3-612-20073-9

Originalausgabe

September 1985
Umschlaggestaltung: Ludwig Kaiser
Titelfoto: Krista Boll, Michael Fiala
Zeichnungen: Bettina Harders
Satz: Formsatz GmbH, Diepholz
Druck und Bindearbeiten: Ebner Ulm
Printed in Germany
ISBN 3-612-20073-9

Inhalt

Einleitung

Nach dem Wasser ist Tee der Menschheit liebstes Getränk. Die Kenntnis vom Tee ist so alt wie jene vom Wein, und so vielfältig wie der Rebensaft ist der Aufguß der Blätter vom Teestrauch in Duft, Farbe und Geschmack.

Tee ist ein Kulturgetränk und auch ein Kultgetränk. Ein Schnellgetränk ist er mittlerweile ebenfalls dank der modernen Errungenschaften des Teebeutels und des löslichen Pulvertees. Mit solchen Verirrungen geben sich Teefreunde und Teekenner (wie Sie, lieber Leser, einer sind – oder es zumindest werden wollen) nicht ab.

Bei einer seiner geliebten Tassen ist der Teefreund gern zu einem Gespräch bereit – besonders zu einem Diskurs über sein bevorzugtes Getränk. Mit Bierernst und Eifer wird er nicht argumentieren; Teetrinker sind freundliche, tolerante Menschen. Lebenskünstler sind bei den Teetrinkern stärker vertreten als beim statistischen Durchschnitt der Bevölkerung. Ganz bewußt nämlich nehmen sie sich die Zeit, ihren Tee mit Sorgfalt zu bereiten und mit Muße zu genießen.

Wie bei den meisten bedeutenden Errungenschaften der Menschheit ist auch beim Tee die Erfindung, der Ursprung legendenumwoben. Kein Geringerer als ein Kaiser von China soll den Tee erfunden haben – nicht als Ergebnis emsigen Forschens freilich, sondern durch Zufall.

Kaiser Schen Nung (er lebte im 3. Jahrtausend vor unserer Zeitrechnung) bereitete gerade sein heißes Wasser, das man damals anstelle des noch nicht erfundenen Tees zu trinken pflegte, als der Wind von einem nahen Teestrauch ein paar Blätter in den Wasserkessel wehte. Die Teepflanze hielt man damals als Zierde, ihrer schönen weißen Blüten wegen, in den Gärten. Der aufsteigende herb-aromatische Duft erregte die kaiserliche Neugier. Schen Nung kostete von dem Sud und war begeistert. Die Erfolgsgeschichte eines Getränkes, die nun schon mehr als viereinhalb Jahrtausende dauert, hatte begonnen.

Tee ist ein sinnliches Getränk. Schon der unverwechselbare Duft der Blätter, der beim Öffnen des Deckels der Dose entströmt, weckt die Vorfreude auf den Genuß. Besinnlich stimmt er, wenn sich Menschen um die summende Teekanne versammeln. Gespräche beim Tee sind freundliche Gespräche – der duftende Aufguß vermag erhitzte Gemüter zu besänftigen.

Kein Wunder, daß immer mehr Menschen auch bei uns den Tee entdecken. Es ist leicht, mit ihm Freundschaft zu schließen, denn er öffnet sich dem, der sich ihm zuwendet. Tee macht den Geist wach, oder er beruhigt, ganz wie man es braucht. Bei einer guten Tasse fällt der Streß von einem ab, und wie von selbst scheidet sich Wesentliches von Unwichtigem.

Tee ist ein volkstümliches, klassenloses Getränk, das jung und alt schmeckt, im Sommer wie im Winter. Um ihn genießen zu können, brauchen Sie nicht zuvor die Schriften der chinesischen, indischen und japanischen Weisen studiert zu haben, die sich eingehend und tiefschürfend mit der Materie befaßt haben. Es genügt, ein paar einfache Regeln zu beherzigen, die sich jeder im Handumdrehen merken kann. Doch davon wird später noch die Rede sein.

Tee – was ist das eigentlich?

Das, was wir aufbrühen, um den duftenden, herben, blonden bis dunkelbraunen Trank herzustellen, sind Blätter vom Teestrauch, der in den tropischen Zonen unserer Erde gedeiht. Nur was vom Teestrauch stammt, darf bei uns laut Gesetz »Tee« genannt werden – ganz schlicht und ohne jeden Zusatz – und wird von Vater Staat für würdig befunden, mit der Teesteuer belegt zu werden. Alles, was wir sonst an heimischen oder exotischen Blättern, Blüten und Kräutern zu wertvollen, angenehmen und oft heilsamen Getränken aufbrühen, ist eben »Kamillentee«, »Lindenblütentee« oder was immer auch und bleibt hier vorerst außer Betracht. In anderen Sprachen wird sprachlich genauer differenziert: Für die Franzosen etwa heißen Kräuteraufgüsse *infusions,* der Begriff *thé* bleibt dem schwarzen und grünen echten Tee vorbehalten.
Den Strauch, dessen Blätter durch gütige Fügung dem Kaiser Schen Nung in den Wasserkessel flatterten, nennen die Botaniker *Thea sinensis,* chinesischen Tee. Der Teestrauch gehört zur Familie der Kameliengewächse und wird gut 3 Meter hoch. Seine weißen, wohlriechenden Blüten ähneln denen des Jasmins, die Früchte sitzen als Drillinge auf jedem Stiel. Der Teestrauch gedeiht auch in gemäßigten Klimazonen und kann sogar Frost vertragen.

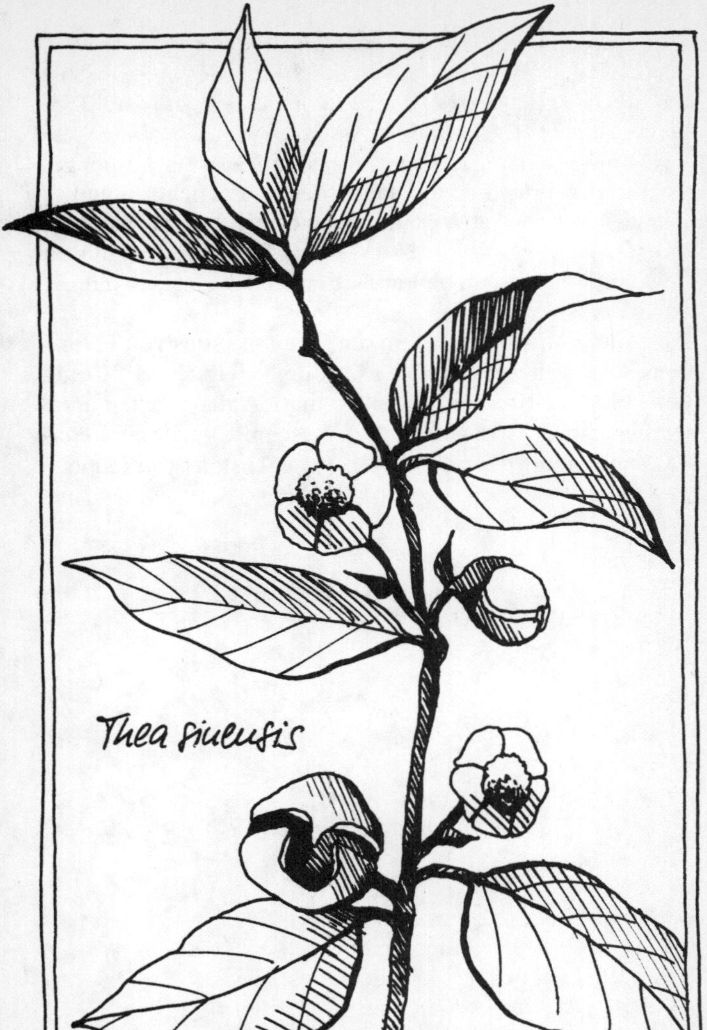
Thea sinensis

Zur großen Familie der Teegewächse gehören noch etwa 3000 Unterarten. Von wirtschaftlicher Bedeutung aber ist nur noch *Thea sinensis var. assamica,* der indische Teebaum, der im Hochland von Assam zu Hause ist, am Fuße des Himalaja. Thea sinensis var. assamica ist ein Tropengewächs und braucht zum Gedeihen ein feuchtes, heißes Klima. Unter diesen Verhältnissen erreicht er freilich auch die stattliche Höhe von 20 Metern. Erst seit 150 Jahren etwa nutzt man auch den indischen Vetter zur Gewinnung von Tee.

Der Tee, den wir heute trinken, stammt indes von Hybriden, Sorten also, die der Mensch durch vielfache Kreuzung der beiden Urformen gezüchtet hat. Auf den Plantagen werden die Teesträucher durch Beschnitt kurz gehalten – des leichteren Pflückens wegen auf höchstens 1 m Höhe.

Wie entsteht die Qualität, die Kenner schätzen?

Die Natur und der Mensch müssen zusammenwirken, damit der Aufguß in der Tasse schließlich den Teefreund erfreut. Die Qualität leidet, sobald nur einer der vielen mitspielenden Faktoren von seinem Idealwert abweicht.
Das »Wachstum«, also Boden und Klima, ist die Bedingung, die die Natur stellt. Der beste Tee aber kommt nicht da her, wo schwüles Tropenklima das Grün der Büsche schnell und üppig wachsen läßt, sondern aus den kühleren Anbaugebieten, die 1000–2000 m über dem Meer liegen, wie jene im nordindischen Darjeeling etwa oder im Hochland von Nuwara Eliya in Sri Lanka. Dort, wo die Wetterbedingungen mit den Jahreszeiten wechseln, werden die höheren Qualitäten jeweils in der trockeneren, kühleren Saison geerntet.
Also: Der Tee ist um so besser, je langsamer die Blätter gewachsen sind.
Die Blätter, die die Natur hat wachsen lassen, muß der Mensch zum rechten Zeitpunkt pflücken, dann mit aller Sorgfalt und Sachkenntnis verarbeiten und schließlich noch möglichst schnell und wohlgeschützt zum Verbraucher befördern.
Sorgfalt beim Pflücken bedeutet, daß nur die zartesten Blätter und Spitzen abgezupft werden. »Two leaves and a

bud« – zwei Blätter und eine Knospe – lautet die Regel, die bei der Ernte für höchste Qualität bürgt. Vom »Flush«, dem nachgewachsenen jungen Austrieb mit den hellgrünen Blättern, werden von jedem Zweig nur die beiden obersten Blätter und eine noch ungeöffnete Blattknospe gepflückt. Diese sorgfältige Auslese bedingt Handarbeit. Erntemaschinen, wie sie in der Sowjetunion eingesetzt werden, arbeiten zu grob, um beim Pflücken eine Qualitätsauslese vorzunehmen. Die größeren, älteren Blätter weiter unten am Zweig ergeben einen weniger aromatischen Tee.

Die mühsame Arbeit bei der Ernte ist fast überall Frauensache. Eine versierte, fleißige Pflückerin schafft am Tag 35 kg grüne Blätter. Nach dem Fermentieren und Trocknen bleiben davon knapp 9 kg, also ein Viertel der Menge, an fertigem Tee übrig.

Die nachfolgende Behandlung entscheidet darüber, ob aus den Blättern grüner oder schwarzer Tee wird. *Grüner Tee,* das ist die »schäumende Jade« der buddhistischen Teezeremonie. Dafür werden die frischen Blätter kurz blanchiert, also mit heißem Dampf überbrüht, und anschließend getrocknet und entweder sogleich oder erst vor dem Aufbrühen gemahlen oder im Mörser zerstoßen. Grüner Tee ist sehr herb im Geschmack und reich an Wirkstoff Tein.

In Europa wird fast ausschließlich *schwarzer Tee* getrunken. Um schwarzen Tee zu erhalten, werden die Blätter nach der Ernte noch auf den Plantagen einer mehrstufigen Behandlung unterzogen. Diese Prozedur ist für die Qualität so entscheidend wie die Kelterung und die Gärung für den Wein.

Zunächst werden die knackig-grünen Teeblätter *gewelkt,* d. h., es wird dem Blatt Wasser entzogen, damit es weich wird und bei der nachfolgenden Bearbeitung nicht zerbricht. Traditionell geschieht das, indem der frische Tee auf Gestellen, die mit Drahtgeflecht oder Nylonnetzen bespannt sind, im Freien an der Sonne ausgebreitet wird. Bei

Lufttemperaturen von 25–30 Grad Celsius dauert der Welkvorgang 15–20 Stunden. Dabei verdunstet etwa ein Drittel des im frischen Blatt enthaltenen Wassers, das Blatt wird weich und geschmeidig.
Auf modern eingerichteten Teeplantagen erfolgt das Welken witterungsunabhängig in Hallen auf Drahtgittertrögen,

die etwa 2 m breit und bis zu 30 m lang sind. Starke Gebläse drücken Luft durch die Blätter, bei Blattgut mit hoher Feuchtigkeit ist die Luft manchmal auch vorgewärmt. Damit das Welken gleichmäßig erfolgt, läßt man die Luft mal in der einen Richtung strömen, mal in der Gegenrichtung. Auf diese Weise sind die Teeblätter schon nach 8–12 Stunden bereit für die Weiterverarbeitung.

Auf das Welken folgt das *Rollen:* Die Blätter werden unter hohem Druck gewalzt, um die Wände der Pflanzenzellen aufzubrechen. Der Zellsaft muß mit dem Sauerstoff der Luft in Verbindung treten können. Das Rollen erfolgt in großen stählernen Mühlen, deren Oberteil von einem Exzenterantrieb bewegt wird, der Preßdruck wird über eine Spindel reguliert. Im Laufe des 1½ Stunden dauernden Rollprozesses wird die Maschine dreimal entleert; der Inhalt wandert in den »Ballbreaker«, eine Rüttelsiebmaschine, in der die feuchten Blattklumpen aufgelöst werden und die feinsten Teile durch die Siebe fallen.

Diese 1. Aussiebung, die nach halbstündigem Rollen erfolgt, heißt in der Fachsprache des Tees *1. Dhool* (sprich Duul). Bei einer guten Pflückung macht der 1. Dhool etwa die Hälfte der Gesamtmenge des gerollten Tees aus. Der Rest wandert für eine weitere halbe Stunde zurück in die Rollmaschine und wird dann zum 2. Dhool ausgesiebt. Nach anderthalbstündigem Rollen und 3 Aussiebungen bleibt ein Rest von etwa 5 Prozent, grobe Blätter und Rippen, die in einer Schneidemaschine weiter zerkleinert werden.

Auf das Rollen und Sieben folgt die *Fermentation,* ein Vorgang, bei dem komplexe biochemische Prozesse ablaufen. Der bislang noch grüne Tee wandelt sich zum Schwarztee, dabei entstehen die Duft- und Aromastoffe, die wir am Tee schätzen.

Die gewalzten Blätter kommen in dem Fermentationsraum in Tröge, in denen sie etwa 10 cm dick ausgebreitet werden.

Hier herrscht eine Temperatur von 40 Grad Celsius, die relative Luftfeuchtigkeit beträgt 90 Prozent – sie muß durch Wassersprenger aufrechterhalten werden.
Nur in diesem Klima werden die durch das Rollen freigesetzten Fermente aktiviert. Es sind dabei unterschiedliche Verbindungen am Werk, man unterscheidet Flavine und Rubigene, gelb- bzw. rotfärbende Fermente. Ihre relativen Anteile bestimmen die Farbe des Tees am Ende der Fermentation, die Farbe, die nach dem Aufbrühen in der Tasse wiederkehrt.
Die Fermentation ist die heikelste Phase der Teeherstellung. Die Fachleute, die diesen Prozeß überwachen, heißen Fermentationsmeister. Bei der Fermentation, die trotz ihres Namens mehr eine Oxidation als eine Gärung ist, entsteht Wärme. Die im Inneren der Teeschicht ansteigende Temperatur gibt Aufschluß über den Verlauf der Fermentation – der Meister überwacht sie mit dem Thermometer. Die Temperatur und der Geruch des Tees zeigen ihm an, wann die Fermentation ihren Höhepunkt erreicht hat und unterbrochen werden muß. Die Fermentation dauert 2–3 Stunden. Am Ende hat der anfangs grüne Pflanzensaft eine kupferrote bis braunrote Färbung angenommen.
Jetzt kommt der Tee auf schnellstem Wege in den Trockenofen. Im 85–88 Grad Celsius warmen Luftstrom wird ihm das Wasser entzogen. Durch die Konzentration färbt sich der an den Blättern haftende, durch die Fermentation rot gewordene Saft allmählich schwarz. Aus dem grünen Blatt ist schwarzer Tee geworden. Auf Rüttelsieben wird er nach Größe sortiert. Die verschiedenen Aussiebungen haben besondere Handelsbezeichnungen, von denen noch die Rede sein wird.
Das geschilderte Verfahren ist die klassische, auch *orthodox* genannte Methode der Schwarzteeproduktion. Heute aber wird nur mehr knapp die Hälfte des Schwarztees der Welt auf diese Weise erzeugt. Vor allem die Produzenten

gehobener Qualitäten sind diesem klassischen Verfahren treu geblieben.
Mehr als die Hälfte allen Tees wird indes bereits nach der moderneren, will heißen: zeit- und arbeitsökonomischen *CTC-Methode* verarbeitet. Das heißt *C*rushing (Zermalmen), *T*earing (Zerreißen) und *C*urling (Kringeln bzw. Rollen). Nach dem Welken werden die Blätter unter hohem Druck zerquetscht, dann zwischen Zahnwalzen zerrissen und danach gerollt, so daß sich kleine Kügelchen bilden. Das Fermentieren erfolgt dann auf die gleiche Weise wie bei der orthodoxen Produktion. Stiele und Blattrippen werden beim Zerreißen von den Zahnwalzen aussortiert. Der feiner zerkleinerte CTC-Tee ist im Aufguß ergiebiger als die Blattqualitäten, weil die Teilchen dem Wasser eine größere Zutrittsfläche bieten.
Verpackt wird Tee in charakteristischen Sperrholzkisten. Die Art der Verpackung hat sich seit Aufkommen des Teetransports auf dem Seeweg kaum geändert. Die Teekiste ist eine teure und aufwendige Einwegverpackung, für die man aber noch keinen gleichwertigen, preiswerteren Ersatz gefunden hat. Das dreilagige Sperrholz für die Kisten müssen die Erzeugerländer zum großen Teil einführen. Die Tafeln werden mit Hilfe von Blechstreifen an den Kanten zusammengesetzt, die Kisten erhalten eine Einlage aus Alufolie und Seidenpapier. Die gebräuchlichsten Kisten fassen 25 oder 50 kg Tee.
Tee ist ein empfindliches Produkt, das vor Feuchtigkeit und Fremdgerüchen geschützt werden muß. Auf seinem Weg von der Plantage zu uns durchläuft der Tee mehrere Klimazonen mit unterschiedlichen Temperaturen und wechselnder Luftfeuchtigkeit. Der dreischichtige Aufbau der Teekiste gestattet einen gewissen Klimaausgleich zwischen außen und innen und verhindert so eine Nachfermentation oder gar ein Schimmeln des Tees in der Kiste, etwa wenn diese vom kühlen Ambiente der Plantage ins feuchtheiße

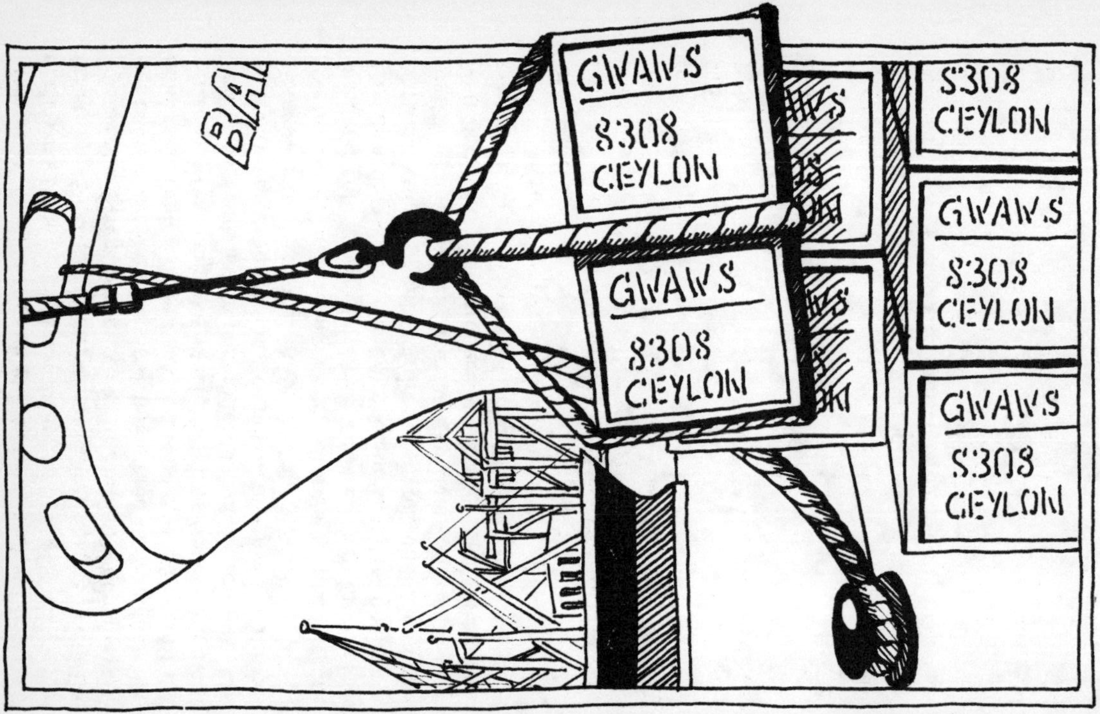
GWAWS
S308
CEYLON
GWAWS
S308
CEYLON
S308
CEYLON
GWAWS
S308
CEYLON
GWAWS
S308
CEYLON

Milieu des Verschiffungshafens und von dort auf See über den Äquator zu unseren nördlichen Häfen reist.
Einst, im 18. Jahrhundert, als die Fahrt eines Teeschiffes von Kanton nach Europa volle 10 Monate dauerte, während deren die Teekisten in den feuchten Laderäumen der hölzernen Segler lagen, war der Tee bei der Ankunft oft verdorben (was aber das Wachsen seiner Beliebtheit nicht bremste). Heute haben die modernen Schiffe teilweise klimatisierte Laderäume oder Container, in denen der Tee geschützt verfrachtet wird.
Ausgewählte Partien einer neuen Ernte aus Spitzenlagen, etwa Darjeelings, werden heute auch auf dem Luftweg zu den erwartungsvollen Teefreunden in Europa spediert.
Auf den Teekisten sind auch die geheimnisvollen Qualitätsbegriffe aufgedruckt – Wörter, die dem Teefreund eine Welt bedeuten, Erwartungen wecken, Genuß verheißen.

Die Nomenklatur des Tees

Es gibt im »Teelatein« eine Handvoll Fachausdrücke, die man kennen muß, um unter den vielen angebotenen Tees die richtige Wahl zu treffen und die Sorte herauszufinden, die dem eigenen Geschmack am meisten zusagt – wobei natürlich noch Lust und Laune, der Anlaß und die Tageszeit eine Rolle spielen. Der fortgeschrittene Teefreund hat stets mehrere Sorten zur Hand.
Je höher die Qualität eines Tees, desto mehr dieser Bezeichnungen trägt die Dose auf dem Etikett. Die Ausdrücke beziehen sich auf die Sorgfalt beim Pflücken und auf die Feinheit und Gleichmäßigkeit der Sortierungen.

Finest Tippy Golden Flowery Orange Pekoe 1, unter Teehändlern und Fachleuten kurz FTGFOP 1, heißt der feinste, beste, rarste und teuerste Tee, gewissermaßen das, was unter den Weinen ein Premier Grand Cru Classé ist.
Steigt man die Qualitätsleiter hinab, fällt von Sprosse zu Sprosse vom Anfang der Reihe ein Wort weg, bis man schließlich beim schlichten Pekoe angelangt ist. Die Ziffern 1 und 2 am Schluß bezeichnen Unterteilungen innerhalb der einzelnen Qualitätsstufen.

Finest heißt einfach feinst, was auch der nicht des Englischen Kundige errät und was hier nur der Vollständigkeit halber aufgeführt ist.

Tippy bezieht sich auf den Anteil der *Tips*, der Spitzen, also der ungeöffneten Blattknospen. Im fertigen Tee erkennt man sie als helle Fäden. Die ungeöffneten Blätter tragen außen kleinste Härchen; beim Trocknen des Tees sammelt sich an ihnen der beim Rollen ausgetretene Zellsaft und karamelisiert, wodurch die Spitzen eine goldgelbe Färbung erhalten. Zwar geben die Spitzen keine bessere Aufgußqualität, aber sie sind ein Indiz für die Sorgfalt beim Pflükken, bei der Bearbeitung und Sortierung.

Golden bezieht sich auf die Farbe, den goldenen Schimmer, den die schwarzen Blätter der besten Sorten tragen.

Flowery Orange Pekoe bezieht sich auf die Größe und das Aussehen des Blattes: Es ist dünn und drahtig. »Orange« hat nichts mit Orangenaroma zu tun. Einmal bezeichnet es die hellere Farbe der feinsten Blätter, die sich beim Fermentieren nicht so dunkel färben wie die älteren, gröberen. Zum anderen wird der Begriff historisch gedeutet, nämlich im Zusammenhang mit dem holländischen Königshaus der Oranier. Die Holländer waren die ersten, die Tee nach Europa einführten, und an das Königshaus lieferte man nur die beste Qualität.

Orange Pekoe hat ein etwas längeres und größeres Blatt als der »Flowery«. Das Wort »Pekoe« ist chinesischen Ursprungs und heißt »weiße Daune«.

Pekoe Souchong ist die nächstgröbere, Souchong schließlich die größte Blattsortierung – Souchong heißt »kleine Pflanze«. Die größeren Blätter geben einen dünneren, weniger kräftigen Tee, sind weniger ergiebig.

Zusätzlich kann das Wort Broken auftauchen. Es besagt, daß der fermentierte und getrocknete Tee mechanisch zerkleinert, also gebrochen wurde. Broken-Tees sind ergiebiger und entfalten schneller ihre Aromastoffe, weil sie dem heißen Wasser mehr Zutrittsfläche bieten. Auch von Broken-Tees gibt es sehr gute Qualitäten; die Spitzensorten freilich verarbeitet man nicht zu Broken-Tee, der geringere Preise erzielt.

Außer diesen Bezeichnungen, die die Blattgröße und Sortierung betreffen, kann noch das Anbaugebiet und die Ernte angegeben sein – diese wird mit flush (Austrieb) bezeichnet, z. B. *first flush*, erste Ernte eines Jahres, oder *autumnal*, Herbsternte.

Packungen, auf denen die klassischen Qualitätsbezeichnungen auftauchen, entstammen ohnehin den oberen Teeregionen, was Güte und Preis angeht. Bei den Konsumtees werden Sie derlei Begriffe nicht finden.

Beim CTC-Tee gibt es nur 3 Aussiebungen: Broken Pekoe heißt die Hauptsortierung, die einen kräftigen Aufguß ergibt. Solche Tees sind die Hauptkomponenten der gängigen Haushalts- und Markenmischungen. Fannings (Krümel) und Dust (Staub) sind noch entsprechend feinere Aussiebungen, die auch bei der klassischen Teeproduktion anfallen. Diese Bezeichnungen findet man indes nicht auf Packungen für den Endverbraucher, sie sind für den Teehandel aber von einiger Bedeutung.

Die feinsten Aussiebungen wandern in Aufgußbeutel. Man könnte meinen, dabei handele es sich um Minderwertiges oder gar Abfall. Das ist nicht richtig, denn Qualität entsteht ja durch Wachstum, Klima und Sorgfalt beim Pflücken und Fermentieren. Auch beim hochwertigen Tee fallen feinste Aussiebungen an – sie sind nur preiswerter als die Spitzenaussiebungen und obendrein sehr ergiebig.

Teebeutel zum Aufbrühen der »schnellen Tasse« machen 60 Prozent des bei uns verbrauchten Tees aus. Vom Rest

entfällt der größte Teil auf Haushalts- und Markenmischungen – sie werden aus Broken-Tees verschiedener Anbaugebiete zusammengestellt mit dem Ziel, unabhängig von Schwankungen der Erntequalität einen stets gleichbleibenden Geschmack zu gewährleisten.
Diese Kunst des Mischens ist Aufgabe der *Teataster,* der Teeschmecker im Dienste der Teeimporteure und Handelsfirmen. Sie müssen nicht nur auf den Geschmack, sondern auch auf den Preis achten. Einmal schwanken Qualitäten in den verschiedenen Anbaugebieten, dann wieder laufen bei bestimmten Sorten an den Teebörsen die Preise davon. Der Verbraucher aber will bei konstanter Qualität preiswert und preisstabil einkaufen.

Unser Tee und seine Herkunftsländer

1983 wurden in der Bundesrepublik Deutschland knapp 15000 Tonnen Tee verbraucht. Gut ein Drittel, nämlich über 5300 Tonnen, kam aus Indien. Aus Sri Lanka (Ceylon) wurden etwa 2700, aus Indonesien 1300, aus Afrika 1850 Tonnen eingeführt; der Rest verteilt sich auf die übrigen Länder, wie China, Japan, Türkei und Südamerika.

Indien, als unser wichtigster Teelieferant, verfügt über sehr verschiedene Anbaugebiete mit deutlich unterschiedlichen Produkten. In Nordostindien, am Fuße des Himalaja, liegt die berühmte Anbauzone von *Darjeeling.* Die Teegärten liegen hier in 2000–3000 m Höhe über dem Meer. In dieser Höhe gibt es auch in den Tropen unterscheidbare Jahreszeiten. Im Winter ruht das Wachstum der Teesträucher. Der erste Austrieb, der *first flush Darjeeling,* wird dort ab März geerntet. Für Darjeeling-Fans ist das Eintreffen des ersten Tees aus der neuen Ernte ein großes Ereignis. Das Aroma ist zart, dabei charakteristisch und unverwechselbar. (Es kann sich allerdings nur beim Aufbrühen mit weichem Wasser entfalten. Wer einen solchen Frühjahrstee mit hartem, kalkhaltigem Wasser aufbrüht, bringt sich um den teuer bezahlten Genuß.)
Die Sommerernte, der *second flush,* bringt dagegen mehr

Farbe und einen kräftigeren, robusteren Geschmack in die Tasse.
Die Regenzeit, die in Darjeeling in die Monate August bis Oktober fällt, beschert mit ihren reichen Niederschlägen und der Schwüle den Teebüschen einen Wachstumsschub. Die Tees verlieren an Charakter, die jetzt geernteten Qualitäten werden zu Haushaltsmischungen verarbeitet.
Im September/Oktober hört der Regen auf, es wird kühler, die Blätter des Teestrauchs treiben langsamer nach.
Die nicht mehr durch Regenwolken verhangene Sonne regt in den Blatttrieben die Bildung von Aromastoffen an.
Die *autumnals,* die Herbsttees, die dann ab Oktober geerntet werden, haben nach der Verarbeitung ein braunes Blatt, ein feines Aroma mit wenig Gerbsäure.
Im äußersten Osten Indiens, am linken Ufer des Brahmaputra, liegt *Assam,* das größte zusammenhängende Teeanbaugebiet der Welt; hier gibt es auch die größten Plantagen. Die Teebüsche wachsen auf dem besonders fruchtbaren Boden gerodeten Urwalds, das Klima ist sehr feucht. Assamtee ist schwer und würzig. Aus Assam ist besonders der *second flush* gefragt, der im Mai und Juni geerntet wird und den typischen Charakter besonders deutlich zeigt. Der kräftige Assam bildet das Rückgrat vieler Markenmischungen; der robuste Geschmack vermag sich auch gegen hartes, stark kalkhaltiges Wasser durchzusetzen.
Nahe bei Assam liegen die Teeanbaugebiete von *Terai* und *Dooars.* Tees aus diesen Regionen mit Herkunftsangabe findet man bei uns nur selten im Angebot von Spezialgeschäften und Versendern.
Im Süden Indiens gibt es noch die *Nilgiri Hills,* ein Hochland in Äquatornähe mit kleineren Teegärten; viele Büsche stehen hier in arbeitsintensiven Hanglagen. Die Spitzentees von Nilgiri ähneln in ihrem herben Charakter mehr den Ceylontees als den anderen indischen Provenienzen. Sie haben ein intensives, feinherbes Aroma.

Vor der Ostküste Südindiens liegt im Indischen Ozean der Inselstaat Sri Lanka, der, wenn es um sein Hauptausfuhrprodukt Tee geht, noch immer *Ceylon* heißt. Die Teegärten liegen in der südlichen Inselhälfte, beginnend bei der alten Kaiserstadt Kandy. Die Plantagen, die wie ein sattgrüner Teppich über den Wellen der Hügel Sri Lankas liegen, bieten den atemberaubenden Anblick einer einmaligen Kulturlandschaft.

Es gibt drei große Anbaugebiete: den Uva-Distrikt im Osten, das Gebiet von Dimbula im Westen und dort, wo diese Zonen aneinanderstoßen, das Hochland von Nuwara

Eliya, 2000–2500 Meter über dem Meer. Dort wachsen die feinsten und aromatischsten Ceylontees.
Zwar kennt Sri Lanka, das dicht über dem Äquator liegt, keine Jahreszeiten wie die unseren, und doch gibt es im Laufe des Jahres starke Schwankungen in der Qualität des in den verschiedenen Gebieten geernteten Tees. Die Ursache dafür ist der Monsun. In den Sommermonaten Juni bis September weht er vom Südwesten und lädt seine Regenfracht im Gebiet von Dimbula ab. Im tropischen Treibhausklima schießen die Teesträucher üppig ins Kraut. Aber es ist ähnlich wie beim Wein: Wo große Mengen gedeihen, bleibt die Qualität auf der Strecke. Der Sommertee aus Dimbula ist Konsumware. Jenseits der Berge aber, in Uva, werden zur gleichen Zeit, weil es dort trocken ist und die Blätter der Teebüsche nur langsam sprießen, die besten Qualitäten geerntet: fein im Aroma und dennoch kraftig im Geschmack.
Im Winter ist alles umgekehrt: Der Wind weht aus der Gegenrichtung, es regnet in Uva, und in Dimbula werden in der Trockenzeit die hochwertigen Qualitäten geerntet.
Das Hochland von Nuwara Eliya verfügt über ein besonders ausgeglichenes Klima. Es ergibt im Sommer gute, in den Wintermonaten Januar bis März die absoluten Spitzenqualitäten (die Fachleute kürzen der Einfachheit halber Nuwara Eliya zu *Nurelia* ab).
Der Teestrauch wurde übrigens erst vor rund hundert Jahren nach Ceylon eingeführt. Heute erinnert sich kaum noch jemand daran, daß die Insel noch 1870 nach Brasilien der zweitgrößte Kaffeeproduzent der Erde war. Innerhalb von 30 Jahren vernichteten zwei Schädlinge alle Kaffeepflanzungen auf Ceylon. Den Anfang machte die Kaffeeratte, die Blätter und Zweige und schließlich ganze Bäumchen fraß. Dann folgte eine für den Kaffeebaum tödliche Pilzkrankheit. 1900 wurde auf Ceylon die letzte kümmerliche Kaffee-Ernte eingebracht.

Ein junger Schotte namens James Taylor brachte den Pflanzern die Rettung. Er setzte im Hochland bei Kandy die ersten aus Indien eingeführten Teesträucher. Der Erfolg seiner von den Kollegen erst skeptisch beurteilten Experimente ließ jene am Ende doch seinem Beispiel folgen: Der Ceylontee war geboren.

China, die Urheimat des Tees, ist heute der zweitgrößte Teeproduzent der Erde. Da aber für die Chinesen Tee das wichtigste Getränk ist und sie selbst das größte Volk der Erde sind, bleibt für den Export nur relativ wenig Tee übrig. An der Tee-Einfuhr der Bundesrepublik Deutschland hat Chinatee immerhin einen Anteil von etwa 13 Prozent; in den Fachgeschäften und im Versandhandel finden die deutschen Teefreunde ein wohlsortiertes Angebot chinesischer Spezialitäten – vom bekannten Rauchtee, Lapsang Souchong, der seinen besonderen Geschmack durch die Trocknung über offenem Feuer erhält, bis zu den klassischen Aromatees mit einem Zusatz von Jasmin- oder Litschiblüten oder Rosenblättern. In China selbst bevorzugt man den sehr herben, nicht fermentierten grünen Tee. *Oolong* (sprich u-long) ist halbfermentierter Tee, der geschmacklich zwischen grünem und Schwarztee liegt – eine chinesische Spezialität. Der *Keemun* hat ein zartblumiges Aroma und kommt in sehr guten Qualitäten zu uns. *Gunpowder* – »Schießpulver« – ist grüner Tee, dessen große Blätter zu schießpulverartigen Kügelchen gerollt sind, sie entfalten sich beim Aufguß. Diese preiswerte Sorte schätzt man vor allem in Nordafrika, wo man sie zusammen mit frischen Minzeblättern aufbrüht und mit Mengen von Zukker trinkt.

In Indonesien wird Tee auf den Hauptinseln Java und Sumatra angebaut. Mengenmäßig steht das Inselreich auf Platz fünf der Weltrangliste, für die Bundesrepublik

Deutschland ist es nach Indien und Sri Lanka der drittgrößte Lieferant. Während man sich auf Sumatra auf die Erzeugung von Konsumtee gleichbleibender Qualität im großen Stil spezialisiert hat, bringt die Nachbarinsel Java bessere, stärker differenzierte Qualitäten hervor.
Die Sorten aus Sumatra ähneln in ihrem kräftigen Aufguß dem Assamtee. Wie jene werden sie von unseren Importeuren gerne für die Ostfriesenmischungen eingesetzt – besonders dann, wenn der Assampreis steigt. Javatee dagegen hat mehr Ähnlichkeit mit dem Produkt aus Ceylon. Auf Java erzeugt man Blattees in unterschiedlicher Sortierung; die beste Qualität wird im Juli und August geerntet.

Auch in Ostafrika ist der Teeanbau ein bedeutender Wirtschaftszweig. Die Produktion *Kenias* übertrifft mittlerweile mengenmäßig sogar die Indonesiens. Die Engländer als Kolonialherren waren es, die nach dem Ersten Weltkrieg den Teestrauch nach Kenia brachten. Nach dem Zweiten Weltkrieg wurden rund um den Viktoriasee weitere große Plantagen angelegt. Sie sind heute noch in britischer Hand und produzieren hauptsächlich Broken-Tees, die den größten Teil des britischen Verbrauchs ausmachen. Die ausgesuchten Spitzenprodukte der Teeplantagen im kenianischen Hochland allerdings können es durchaus mit sehr guten Qualitäten aus Sri Lanka und Java aufnehmen. Die Teeausfuhr Kenias läuft über den Hafen von Mombasa, wo auch allwöchentlich eine Teeauktion stattfindet. Aber auch auf dem deutschen Markt ist Keniatee mit einem stabilen Marktanteil vertreten – mit steigender Tendenz vor allem in Zeiten, da unsere Hauptlieferländer Indien und Sri Lanka wegen des steigenden Inlandverbrauchs oder politischer Schwierigkeiten nicht liefern können oder wollen.
Auch deutsche Kolonisten betätigten sich einst als Teepflanzer – zur Glanz- und Gründerzeit des deutschen Kolonialreiches vor hundert Jahren im heutigen *Tansania*. Der

Anbau wurde später ausgedehnt und ist heute für das Land ein wichtiger Wirtschaftsfaktor.
Auch in anderen Ländern Afrikas wird Tee angebaut. Auf dem Weltmarkt spielen sie jedoch keine Rolle, da sie fast nur für den eigenen Bedarf produzieren.

Die große Teetrinkernation Sowjetunion verfügt über eigene Plantagen in *Georgien.* Geerntet wird mit selbstentwickelten Pflückmaschinen. Weil diese Geräte bei weitem nicht so sorgfältig vorgehen wie zartfühlende Frauenhände in Indien, Afrika oder Sri Lanka, ist der russische Tee nur von mäßiger Qualität. Auch die Russen trinken lieber Tee aus Indien oder Ceylon!
Seinen guten Ruf bei uns verdankt der »russische Tee« den Karawanen, die vor 300 Jahren den Tee aus China auf dem Landweg nach Mitteleuropa brachten. Der Tee hieß »russischer Tee«, weil er auf dem Wege über Rußland zu uns kam. Und er war besser, weil das empfindliche Produkt die Reise zu Land besser überstand als die durchschnittlich 10 Monate dauernde Fahrt in der modrigen Luft feuchter Schiffsbäuche.

Der Teestrauch hat auch in der Neuen Welt, in Südamerika, eine Heimat gefunden. *Argentinien* erzeugt große Mengen Tee minderer Qualität. Seines niedrigen Preises wegen wird er bei uns billigen Mischungen beigemengt.
Anders sieht es in *Brasilien* aus. Dort ist die junge Teeproduktion fest in japanischer Hand, und die Söhne Nippons haben sich der Sache mit dem ihnen eigenen Ernst und Eifer angenommen. Mit dem Erfolg, daß sie schon recht beachtliche Qualitäten ernten konnten. Noch ist die Anbaufläche in Brasilien klein, so daß die Produktion keine Bedeutung auf dem Weltmarkt erlangt hat. In den kommenden Jahren aber wird man zunehmend mit Tee aus Brasilien zu rechnen haben.

Der Geschmack des Tees

Die Aromastoffe entstammen den ätherischen Ölen, die nur in mikroskopisch kleinen Mengen im Tee vorhanden sind. Etwa 200 dieser Duft- und Geschmackskomponenten konnten die Chemiker bereits analysieren.
Man schätzt jedoch, daß beim vollendeten Teegeschmack noch weitere 100 ähnliche Substanzen eine Rolle spielen. Der Strauß komplexer Stoffe im Tee bietet eine Gewähr dafür, daß es synthetischen Tee aus der Retorte wohl niemals geben wird – die Herstellung wäre, falls überhaupt möglich, zu aufwendig.
Eine Fülle von Geschmacksstoffen findet man beim schwarzen Tee – sie entwickeln sich ja zum größten Teil während der Fermentation aus einfacheren, im grünen Blatt vorhandenen Verbindungen.
Grüner Tee, den Chinesen und Japaner vor allem schätzen, enthält mehr Tein und ist sehr herb im Geschmack. Dafür fehlen ihm die komplexen Duftkomponenten, die bei der Fermentation des Pflanzensaftes entstehen.
Kompromisse sind möglich: beim chinesischen Oolongtee etwa, dessen Blätter eine verkürzte, abgebrochene Fermentation durchlaufen haben, oder in Mischungen von grünem und schwarzem Tee.

Die Geschichte des Tees

China: der Anfang

Die Story von der großartigen Zufallsentdeckung, die Kaiser Schen Nung in seinem Garten machte, hört sich gut an, muß aber im Licht der Tatsachen ins Reich der Legende verwiesen werden. Dieser Geschichte zufolge hätte der Kaiser damals schon den gebrühten grünen Tee entdeckt, wie ihn die Chinesen heute trinken.
Tatsächlich aber gibt es drei große Zeitalter des Tees, und ein jedes hatte seine typische Zubereitungsart für den Tee.
Am Anfang war der *gekochte Tee* eigentlich mehr Speise als Trank. Die Blätter wurden gedämpft, im Mörser zerrieben, zu Fladen geformt und dann mit Salz, Reis, Ingwer, Orangenschalen, Gewürzen und Milch, manchmal auch noch mit Zwiebeln gekocht. Ähnliche Rezepte sind noch heute in Tibet und bei den mongolischen Steppenvölkern in Gebrauch. Auch der indische Brauch, Tee mit Milch, Gewürzen und Zucker zu kochen, geht wohl auf diese uralte Zubereitung zurück.
»Der Genius der Tang-Dynastie war nötig, den Tee aus diesem rohen Zustand zu befreien und ihn seiner endgültigen Verfeinerung zuzuführen«, bemerkt Kakuzo Okakura, der große japanische Weise, der es wie kein anderer

verstand, den Europäern die Kultur Asiens begreiflich zu machen.
Der Genius dieser Zeit verkörperte sich in der Gestalt des Luh-yü. Um 780 nach Christus schrieb er das Tscha-king, das Buch vom Tee, oder besser: die Bibel vom Tee. Luh, von dem es heißt, er sei als Findelkind von buddhistischen Mönchen erzogen worden und später als Gaukler und Märchenerzähler durch die Lande gezogen, lebte im Süden Chinas zu einer Zeit, als die großen Geistesschulen des Buddhismus, Taoismus und Konfuzianismus Berührungspunkte suchten. Die damals herrschende pantheistische Philosophie forderte, im Kleinen das Ganze, das Universum gespiegelt zu sehen. Luh sah in der Teebereitung ein Abbild der Harmonie und Ordnung, die alle Dinge im Gleichgewicht hält.
Luhs Buch vom Tee ist in 10 Kapitel aufgeteilt. Im 1. wird die Teepflanze beschrieben, das 2. behandelt die Geräte für die Ernte der Blätter, das 3. die Auswahl der Blätter; die besten sind »faltig wie der Lederstiefel tatarischer Reiter, gekräuselt wie die Wamme eines mächtigen Bullen, aufgefaltet wie Nebel, die einer Bergschlucht entsteigen, schimmernd wie ein vom sanften Wind berührter See und weich wie feine Erde, die der Regen eben benetzt hat«.
Im 4. Kapitel werden die 24 Geräte aufgeführt und beschrieben, die für die Zubereitung des Tees nötig sind, vom eisernen Dreifuß für das Kohlebecken bis hin zum Bambusschränkchen, in dem alle diese Utensilien Platz finden.
Das 5. Kapitel schließlich ist der Teezubereitung gewidmet. Luh-yü verbannt alle weiteren Zutaten, mit Ausnahme des Salzes. Auch das Wasser ist wichtig: Am besten ist das aus einer klaren Bergquelle, gefolgt vom Flußwasser und dem Wasser gewöhnlicher Quellen.
Hier tauchen auch zum erstenmal die drei Grade auf, mit denen Wasser kochen kann. Beim 1. Grad steigen »Fischaugen«, kleine Blasen also, an die Oberfläche; beim

2. gleichen sie kristallenen Tropfen in einem Springbrunnen, und der 3., höchste Grad ist schließlich erreicht, wenn die »Wogen wild im Kessel wallen«.
Der Ziegeltee wird am Feuer erhitzt, »bis er weich wird wie der Arm eines Kindes«, dann zwischen Papierblättern zerrieben. Beim 1. Kochgrad kommt Salz in das Wasser, beim 2. der Tee, beim 3. kommt eine Kelle kalten Wassers hinzu, damit der Tee sich setzt und »die Jugend des Wassers wieder auflebt«. Dann wird der Tee in Schalen aus Keramik gegossen und getrunken.
Die folgenden Kapitel befassen sich mit den alltäglichen Möglichkeiten des Teetrinkens, mit der Geschichte des Tees, mit historischen Teetrinkern und mit den berühmten Teeplantagen Chinas. Es gibt Zeichnungen von Teegerätschaften und Schilderungen der Möglichkeiten, die Teezeremonie abzuwandeln.
Luh-yüs Schrift erregte großes Aufsehen. Er wurde ein Vertrauter des Kaisers Tai-tsung und gewann zahlreiche Schüler, die seine Lehre verbreiteten.
In der folgenden Zeit der Sung-Dynastie entstand die 2. Schule des Tees, begann das Zeitalter des *geschlagenen Tees*. Die Blätter wurden nun in einer Steinmühle zu feinem Pulver gemahlen und dann mit einem Besen aus gespaltenem Bambus mit heißem Wasser aufgeschlagen. Diese Zubereitungsart ist noch heute die Grundlage der japanischen Teezeremonie, die ihren Ursprung im Zen-Buddhismus hat.
Der Zubereitungsart entsprechend wandelten sich die Teegeräte. Die Sung-Zeit wurde zum großen Zeitalter des Tees, die Begeisterung der Menschen für dieses Getränk kannte keine Grenzen. Die Erzeuger wetteiferten darin, neue Teemischungen zu kreieren. Der Kaiser Hui-tsung soll sein ganzes Geld für die Anschaffung seltener Teesorten ausgegeben haben und verfaßte selbst eine Abhandlung über die 20 Teearten, unter denen er den »weißen Tee« als

den seltensten und kostbarsten preist. Die Teefreunde in China entfalteten um den Tee einen ähnlichen Kult, wie ihn in unserer Zeit Weinfreunde in Europa und Amerika mit ihrem geliebten Rebensaft treiben.
Der Einfall der Mongolen im 13. Jahrhundert zerstörte in China die in der Sung-Zeit gewachsene Teekultur. Erst um die Mitte des 15. Jahrhunderts gab es unter den Mingkaisern eine Neubelebung der nationalen Traditionen, aber vieles war in Vergessenheit geraten, so auch die Kunst der Zubereitung des grünen Pulvertees.
Zu Beginn des 17. Jahrhunderts, am Ende der Ming-Zeit, als die Europäer mit dem Tee Bekanntschaft machten, brühte man in China die getrockneten Blätter mit kochendem Wasser auf, wie wir es heute auch tun. Die Kunde von der älteren Art der Teebereitung drang erst viel später, über Japan, zu uns.
Heute hat im japanischen Alltag der aufgebrühte Tee den geschlagenen verdrängt; der grüne Pulvertee indes wird bei der Teezeremonie geschätzt und gepflegt.

Japan: eine Nation der Teekultur

Japan kannte den Tee schon in den früheren Epochen. Im Jahre 729, so ist es überliefert, bewirtete Kaiser Schomu in seinem Palast 100 Mönche mit Tee. Die Blätter dafür hatten die Gesandten des Tenno aus China mitgebracht. Der Tee wurde auf die damals (vor Luh-yü) übliche Weise gekocht. Im Jahre 801 wurden in Japan, wiederum von Mönchen, die ersten Teebäume gepflanzt. Der gekochte Tee erfreute sich beim Adel und bei der Priesterschaft schnell großer Beliebtheit.
1191 brachte der Mönch Eisai-zenji, der in Südchina die Zen-Schulen studiert und die Zen-Lehre nach Japan ge-

bracht hatte, neuen Teesamen mit, der an drei Stellen ausgesät wurde. In einem der daraus entstandenen Gärten, in Uji nahe Kyoto, wächst heute der Tee, den die Japaner für den besten der Welt halten. Der erneuerte Teekult wurde in Japan rasch heimisch.

Aus Sakai, einer damals für den Handel mit China bedeutenden japanischen Hafenstadt bei Osaka, stammten die beiden großen Teelehrer Japans: Jo-o (1502–1555) und sein noch berühmterer Schüler Sen Rikiju (1522–1591). Ihre Schriften sind heute Grundlage für die Pflege der Zenbuddhistischen Teezeremonie.

Rikiju stand in den Diensten des Schogun Tojotomi Hidejoschi, dessen engster Berater er war. Es war eine ähnliche Beziehung wie die zwischen Seneca und Nero. Rikiju war der Philosoph des Schlichten und Einfachen, Hidejoschi liebte Pomp, Prunk und höfische Prachtentfaltung. Rikiju ließ von japanischen Töpfern für den Tee einfache Tonschalen brennen, die an die Stelle der reichdekorierten chinesischen Porzellangefäße traten.

Die Teezeremonie konnte auch ein Volksfest sein, das über alle Standesschranken hinweg Gemeinsamkeiten schuf: so im Jahre 1587 die »Große Teeversammlung« von Kitano bei der damaligen Hauptstadt Kyoto. Sie sollte 10 Tage dauern, und jedermann, ob arm oder reich, war dazu eingeladen, sollte Kessel, Schöpfkelle, Wassergefäß und Tee mitbringen. Wer echten Tee nicht bezahlen konnte, durfte geröstetes Gerstenpulver nehmen, seinerzeit ein gängiger Tee-Ersatz. 800 Teehütten wurden errichtet. Leider brach der Feldherr das große Teefest schon nach einem Tage ab – er mußte anderswo einen Aufstand niederschlagen.

Die Beziehungen zwischen Hidejoschi, dem Herrn, und Rikiju, dem Lehrer und Philosophen, endete tragisch: Der Gelehrte, der seinen Prinzipien der Einfachheit treu geblieben war und stets seine Meinung äußerte, wurde von seinem Gebieter zum Tode, zur Selbsthinrichtung verurteilt.

Im Kreise seiner treuen Schüler und Freunde setzte der nahezu Siebzigjährige seinem Leben mit dem Schwert ein Ende.

Marco Polo

Inzwischen war die Kunde vom Tee auch nach Europa gedrungen. Der venezianische Kaufmann Marco Polo, der mit seinem Vater und seinem Onkel 1295 nach 24jähriger Reise in seine Heimatstadt zurückkehrte, lernte ihn gewiß kennen, konnte ihm aber keinen Geschmack abgewinnen – wohl, weil er am Hofe des Großkhans Kublai nur die mongolische Version des Tees kennengelernt hatte: reichlich Teeblätter in Salzwasser mit Milch gekocht und als Suppe gegessen. Nur einmal findet er erwähnenswert, daß ein Finanzminister wegen eigenmächtiger Erhöhung der Teesteuer zurücktreten mußte.
Nicht Tee, sondern Seide, Gewürze und Edelsteine waren die Kostbarkeiten, die wagemutige Kaufleute auf beschwerlichen Wegen aus dem Morgenland heranholten.
1453 eroberten die Türken Konstantinopel. Der Landweg nach Indien war den Europäern nun versperrt.

Die Entdecker zur See

Die Europäer suchten nach dem Seeweg, voran die Seefahrernationen der Portugiesen und Holländer. Der Genueser Christoph Kolumbus, zunächst in portugiesischen Diensten, entdeckte 1492 auf einer Erkundungsfahrt im Auftrag der Königin Isabella von Spanien die Karibischen Inseln und schließlich, auf seiner 3. Reise im Jahre 1498, das süd-

amerikanische Festland an der Küste des heutigen Venezuela. Aber bis zu seinem Tod im Jahre 1506 war der Entdecker der Überzeugung, die von ihm entdeckten Inseln gehörten zu China. Er wußte nicht, daß das Reich der Mitte von seinem Westindien nicht nur durch eine Landenge, sondern durch einen gewaltigen Ozean getrennt war.
Der Portugiese Vasco da Gama wählte einen erfolgreicheren Weg, segelte mit seinen 3 kleinen Schiffen um die Südspitze Afrikas herum und erreichte 1497 die Südküste Indiens. Der Seeweg nach Asien erschloß für Portugal eine Quelle neuen Reichtums.
Sein Landsmann Fernão de Magalhães, der unter Karl V. in spanischen Diensten stand und darum als Hernán Magellan in die Geschichte einging, segelte im September 1519 mit einer Flotte von 5 kleinen Schiffen westwärts. An der Bucht von Rio de Janeiro erreichte er die Küste Südamerikas, segelte später die Mündung des Rio de la Plata hinauf, wo er überwinterte, fuhr dann der Küste entlang südwärts und fand schließlich an der Südspitze des Kontinents den 600 km langen Weg durch das Labyrinth der Inseln, den er die »Allerheiligenstraße« nannte – uns ist sie als die Magalhãesstraße bekannt.
Als erster Europäer segelte er westwärts durch den Pazifik, den Stillen Ozean, dem er den Namen gab. Magellan starb auf der Philippineninsel Mactan bei einem Streit mit den Eingeborenen. Seine Leute setzten die Fahrt fort und erreichten die Molukken, die Gewürzinseln, die die Portugiesen bereits auf dem Weg nach Osten 1512 entdeckt hatten.
Drei Jahre nach dem Aufbruch der Flotte aus dem andalusischen Hafen Sanlúcar de Barrameda gelangte ein einziges Schiff, die »Vittoria«, unter dem Befehl Juan Sebastián Elcanos schließlich nach Portugal.
1559 kam die erste genaue Beschreibung des Teeanbaus in China durch den Venezianer Giovanni Battista Ramusio nach Europa.

Es war das Zeitalter von Europas Aufbruch zu neuen Ufern, die Epoche der Entdecker, Abenteurer und Eroberer, der Kauffahrer und Freibeuter.

Die Kompanien als Eroberer

Dies war auch die Entstehungszeit des Kapitalismus. Im Jahre 1600 wurde durch Elisabeth I. die Britische, zwei Jahre später durch die Allgemeinen Stände der Niederlande die Niederländische Ostindische Kompanie privilegiert. Geld, nicht militärische Macht, erschloß den Briten und Holländern die Kolonialreiche – hier und da freilich mit Waffengewalt als Nachhilfe.
Auch die Portugiesen hielten mit: 1557 hatten sie einen Stützpunkt auf der Insel Macau vor der südchinesischen Küste besetzt. China lieferte nach Europa Seide und Porzellan, mit denen die Kaufleute – bei hohem Risiko wohlgemerkt – phantastische Gewinne machen konnten. Die Holländer waren schließlich die ersten, die Tee – aus Japan – nach Europa brachten. 1619 erreichte die erste Teesendung aus Nippon Amsterdam.
Sowohl das japanische wie auch das chinesische Kaiserreich schotteten sich hermetisch gegen Einflüsse aus dem Westen ab. Die Holländer waren über 200 Jahre lang, von 1640 bis 1853, die einzigen Europäer im Genuß des Privilegs, mit Japan Handel treiben zu dürfen. Auf der kleinen Insel Deschima in der Bucht von Nagasaki – gerade 1 Hektar groß – lebten zwei Dutzend Holländer in einer befestigten Station. Es war ein einsamer Außenposten, der von Batavia auf Java, der heutigen indonesischen Hauptstadt Djakarta, aus versorgt wurde.
Zur gleichen Zeit, da die Holländer den ersten Tee aus Japan einführten, kam chinesischer Tee auf dem Landweg

nach Europa. Es war der »Karawanentee«, der auf Kamelrücken über die Mongolei durch die Steppe nach Rußland gebracht wurde. »Russischer Tee« genießt noch heute bei uns einen guten Ruf. Der rührt daher, daß der zwecks leichteren Transports zu ziegelharten, gemusterten Tafeln gepreßte Tee auf seiner trockenen Reise über Land weniger Schaden nahm als die losen Blätter, die in Holzkisten in feuchten Laderäumen oft ein Jahr auf See verbrachten.

Kanton war lange Zeit der einzige Hafen, von dem aus China mit dem Westen Handel trieb. Die Erlaubnis zur Einreise ins Reich der Mitte war für Fremde nur sehr schwer zu erlangen und obendrein mit hohen Kosten verbunden.

In der Frühzeit der *British East India Company* wurde jede Fahrt eines Seglers nach China oder Indien durch Risikokapital finanziert. Die Anteilszeichner wurden nach der glücklichen Rückkehr des Schiffes ihrer Einlage entsprechend am Gewinn aus dem Verkauf der Ladung beteiligt. Bei Schiffbruch oder Verlust durch einen Piratenüberfall verloren auch die Anteilszeichner ihr eingesetztes Kapital. Um das Risiko besser verteilen zu können, erfanden die Holländer das Versicherungswesen. Bald übernahmen es die Engländer. Der älteste erhaltene Beleg über ein Versicherungsgeschäft in London stammt aus dem Jahre 1630. Die Prämie für eine Fahrt nach China betrug zwischen 2½ und 6 Prozent des eingesetzten Kapitals, je nach Reiseziel. Gefahr drohte nicht nur durch die Naturgewalten, sondern auch von den rivalisierenden Handelsflotten. Die Kauffahrteischiffe waren mit Kanonen bestückt, und Holländer, Briten und Portugiesen lieferten sich, wo sie einander auch begegneten, erbitterte Gefechte.

Der Teehandel: eine einträgliche Pfründe

Englands Diktator Cromwell, der es in seiner kurzen Regierungszeit schaffte, den Briten die republikanische Staatsform bis heute zu verleiden, verstand es gleichwohl, Macht und Ansehen seines Reiches zu mehren. 1651 erließ er die Navigationsakte, was allgemein als die Geburtsstunde des modernen Protektionismus angesehen wird. Sie bestimmte, daß Waren aus Übersee nur auf britischen Schiffen nach Britannien eingeführt werden durften, Waren aus Europa immerhin auch auf Schiffen des Ursprungslandes. In den Folgejahren wurde diese Gesetzgebung noch mehrfach verschärft und insbesondere auf die Kolonien in Amerika ausgedehnt, die Handel mit dem Rest der Welt nur auf dem Umweg über das Mutterland treiben durften.
Die auf Cromwells Tod folgende Restauration der Monarchie verfolgte weiter die protektionistische Politik. 1669 wurde es auch britischen Kaufleuten verboten, Kolonialwaren in Amsterdam zu übernehmen.
Zu Beginn des 17. Jahrhunderts kamen über Amsterdam erste Teeproben nach London – als exotisches Heilkraut, das in Apotheken verkauft wurde.
Als die portugiesische Infantin Katharina von Braganza 1662 Englands neuen König Karl II. ehelichte, brachte sie aus ihrer Heimat die Sitte des Teetrinkens mit. Tee wurde auch bei der Hochzeitsfeier gereicht, was das Interesse für das neue Getränk ungemein förderte. Katharina lebte schon bald wieder getrennt von Karl, aber der Tee wurde in England heimisch.
1664 ist die erste Teebestellung der Ostindischen Kompanie belegt – »hundert Pfund von der besten Sorte, die zu haben ist«. Die Sendung war für den Aufsichtsrat der Ostindien-Kompanie bestimmt. Auch ist überliefert, daß eine Mrs. Edith Harris die Teeküche der Handelsherren versorgte; den für ihren Dienst nötigen Tee bekam sie jeweils

pfundweise vom Verwalter der Kasse ausgehändigt, samt der zugehörigen Menge Zucker (auch Zucker war damals ein teures exotisches Produkt).
Die britische Regierung hatte mit ihrer Navigationsgesetzgebung faktisch der Ostindischen Kompanie ein Monopol im Asienhandel eingeräumt – die alleinige Verfügung über den lukrativsten Zukunftsmarkt jener Zeit. Um 1650 hatte die Kompanie in der Leadenhall Street nahe beim Londoner Tower ein architektonisch eindrucksvolles Verwaltungsgebäude bezogen. Die Giebel zierten Delphine, den oberen Teil der Fassade schmückte über die gesamte Breite ein Fries, der 3 dreimastige East Indiamen (so hießen die Schiffe der Kompanie) auf hoher See zeigte.
Die Handelsherren, die dort residierten, wußten mit den ihnen verliehenen Pfunden prächtig zu wuchern: Die britische Kompanie hatte einmal das Handelsmonopol mit Indien, außerdem waren ihr auch die holländischen Niederlassungen auf Bantam und Sumatra zugänglich. Sie prägte Münzen, unterhielt eine Kriegsflotte und in Indien ein stehendes Heer. Mit diplomatischem Geschick verstanden es die Kaufleute, die bestehenden Rivalitäten zwischen den indischen Stammesfürsten auszunutzen und die Maharadschas gegeneinander auszuspielen. Die Zentralmacht der Mogulkaiser zerfiel. Die Kompanie wurde zur herrschenden Macht auf dem indischen Subkontinent.
Der Kaffee war zwar vor dem Tee in England und hatte auch schnell eine beachtliche Beliebtheit erreicht, aber die Ostindische Kompanie mit ihrem Monopol sorgte dafür, daß die Briten zu einem Volk von Teetrinkern wurden. 1658 erschien in London die erste Zeitungsannonce mit dem Hinweis, daß im Kaffeehaus »Zum Kopf der Sultanin«, unweit der Börse, das überaus gesunde chinesische Getränk *Tscha,* anderswo als Tee bekannt, ausgeschenkt würde.
Die Holländer taten derweil das Ihre, um den Tee auf dem Kontinent bekannt zu machen. 1679 veröffentlichte Doktor

Cornelis Decker, auch bekannt als Doktor Bontekoe, sein grundlegendes Traktat »Van het Excellente cruyt Tee«. 8–10 Tassen täglich empfahl der Doktor, wobei er nach oben keinerlei Grenzen setzte. Er selbst soll zeitweise bis zu 200 Tassen pro Tag konsumiert haben.
Durch die Holländer lernten bald auch ihre Nachbarn, die Ostfriesen, den Tee kennen. Er wurde ihre Nationalgetränk und ist es bis heute geblieben.
Im Jahre 1690 begann in England das Jahrhundert des Tees. Die Bestellungen der Kompanie in Kanton waren nun nicht mehr in Pfund, sondern in Tonnen zu messen. Tee war bald nicht mehr nur der exklusive Genuß der oberen Stände. Mit der Entstehung der frühindustriellen Klassengesellschaft wurde er zum klassenlosen Volksgetränk.
Der Siegeszug des Tees auf den Britischen Inseln war unaufhaltsam, obwohl es beschwerlich und risikoreich war, ihn heranzuschaffen. Die Reise eines East Indiaman der Kompanie von London nach Kanton und zurück dauerte durchschnittlich 2 Jahre. Die Fahrten der Segler richteten sich nach dem Wechsel der Monsunwinde. Die Wintermonate Dezember und Januar waren der günstigste Zeitraum für die Abfahrt aus London. Mit Glück und günstigen Winden erreichte man im Herbst die südchinesische Küste.
Der Hafen von Kanton war das einzige Nadelöhr, durch das jeder Verkehr des Reiches der Mitte mit dem Abendland laufen mußte. Die Regierung in Peking hatte nur wenige Händler privilegiert, mit Europäern Handel zu treiben. Sie hießen *Co-Hongs.* Außerdem mußten die in Kanton anlegenden Schiffe saftige Abgaben und Zölle entrichten.
Der Tee wuchs auch nicht in der Gegend von Kanton. Aus den höhergelegenen Anbaugebieten wurde er auf Flüssen und Kanälen zum Ausfuhrhafen gebracht und dort in Kisten umgepackt, die den heute gebräuchlichen schon sehr ähnlich waren. Sie bestanden aus dünnem Holz und waren innen mit Bleifolie und Reispapier ausgelegt. Um die auf-

wendige Verpackung so gut es ging auszunutzen, packte man den Tee so dicht wie möglich hinein – das besorgten Kulis durch Stampfen mit den Füßen.
Trotz des Risikos, bürokratischer Hemmnisse und hoher Kosten war der aufblühende Teehandel für die Britische Ostindische Kompanie ein überaus lohnendes Geschäft. Dank ihrer Monopolstellung konnte sie den Teepreis in der Heimat nach Gutdünken festsetzen. Das Volk hatte den Tee liebgewonnen und wollte nicht mehr darauf verzichten. Eine englische Arbeiterfamilie des 18. Jahrhunderts gab

etwa 5 Prozent ihres Einkommens für Tee aus. Die Krone verdiente daran kräftig mit.
Kaum waren die Untertanen auf den Geschmack des Tees gekommen, erfand der Staat die Teesteuer, um ihnen den neuentdeckten Genuß möglichst wieder zu verleiden. Deren Höhe schwankte beträchtlich, je nachdem wie der Schatzkanzler Teedurst und Opferbereitschaft der Bevölkerung einschätzte.
Nachdem der Steuersatz schon einmal 90 Prozent betragen hatte, wurde er um 1750 auf 10 Prozent gesenkt, um dann aber sogleich wieder zu steigen, bis 1784 die Rekordhöhe von 119 Prozent erreicht wurde.
Wo aber Dinge des täglichen Bedarfs durch staatliche Abschöpfungen überteuert sind, öffnet sich unweigerlich ein schwarzer Markt. Er wurde von Schmugglern bedient, die von Holland und Dänemark aus des Nachts gewaltige Mengen Tee an einsamen Buchten Englands und Schottlands anlandeten. Dort übernahmen wohlorganisierte inländische Verteilerorganisationen die begehrte Ware. Expertenschätzungen zufolge machte der Kontrabandtee zeitweise noch einmal die Hälfte der legal eingeführten Menge aus.

Ein Steuerstreik und die Folgen

Die Steuerlast, und da insbesondere die Teesteuer, war schließlich auch der Anlaß für die Unabhängigkeitserklärung der britischen Kolonien in Nordamerika. Nach dem Willen der Regierung seiner Majestät Georgs III. durfte Tee nach Amerika nur aus London geliefert werden. Außerdem wurde mit der *Stamp Act* von 1765 eine Extrasteuer auf Tee in Nordamerika erhoben. Die Siedler in Neuengland protestierten lautstark, die Regierung in London

strich die Steuer – um sie 2 Jahre später erneut einzurichten, diesmal als Wertsteuer in Höhe von 3 Pence auf jedes Pfund Sterling, das für Tee ausgegeben wurde – eigentlich eine bescheidene Steuer, betrug sie doch nur 1¼ Prozent.
In New York, Boston und Philadelphia war die Teesteuer inzwischen zur politischen Grundsatzfrage geworden. Man wollte sich nicht länger von London bevormunden lassen. »No taxation without representation« hieß die Parole, die in den amerikanischen Städten (teilweise in mangelhafter Orthographie) an die Wände gepinselt wurde – keine Besteuerung ohne Vertretung im Londoner Parlament.
Der Konflikt wurde noch dadurch verschärft, daß die in Schwierigkeiten geratene Ostindien-Kompanie im Parlament von Westminster eine weitere Ausweitung ihrer Privilegien durchsetzte. Dank des gutfunktionierenden Schwarzmarkts hatte sich in den Lagerhäusern der Gesellschaft ein Teeberg angesammelt, der dem Inlandsbedarf von 4 Jahren entsprach. Außerdem schuldete die Kompanie der Krone 1 Million Pfund an fälligen Steuern. Aber das Monopolunternehmen war so mächtig geworden, daß es dem Staat seine Bedingungen aufzwingen konnte.
In der *Tea Act* von 1773 wurde ihm das alleinige Recht zur Wiederausfuhr von Tee aus dem Vereinigten Königreich zugestanden; zugleich wurde der so ausgeführte Tee von der Inlandssteuer befreit, die allein die Hälfte des Endverbraucherpreises ausmachte. Die Siedler in den Kolonien sollten also Tee wesentlich billiger trinken können als die Bürger des Mutterlandes – von der läppischen Drei-Pence-Steuer würde dann nicht mehr die Rede sein, dachte man an der Themse. Außerdem sollte die großzügige Geste dem florierenden Teeschmuggel nach Amerika die Geschäftsgrundlage entziehen.
London aber hatte die Stimmung in der Neuen Welt falsch eingeschätzt. Es ging nun nicht mehr um 3 Pence, es ging

ums Prinzip. Die Siedler in Amerika schworen auf öffentlichen Versammlungen in New York, Philadelphia und Boston, jedes Entladen von Tee in den Kolonien zu verhindern – notfalls mit Waffengewalt. Die Erweiterung des Monopols der Ostindien-Kompanie auf Amerika wurde als »öffentlicher Raub« beschimpft. Aber in London mochte man nicht zurückstecken. Im November 1773 liefen 4 Schiffe nach Boston aus, die neben anderer Fracht auch 398 Kisten Tee, also fast 50 Tonnen, an Bord hatten.

Während in New York, Philadelphia und Charleston die Weigerung der Kolonisten, den Tee anzunehmen und die Steuer zu entrichten, lediglich dazu führte, daß die Kisten nach London zurücktransportiert wurden, bestand in Boston der Gouverneur Thomas Hutchinson auf der Erfüllung des vom Parlament erlassenen Gesetzes und darauf, daß der Tee binnen 20 Tagen gelöscht und versteuert würde. Eine Eingabe des Bostoner Stadtrats, es doch nicht darauf ankommen zu lassen, wischte der Vertreter der Krone vom Tisch.

Am Abend des 16. Dezember 1773 schließlich, des Tages, an dem das vom Gouverneur verhängte Ultimatum ablief, enterten rund 90 mit Äxten und Beilen bewaffnete Mitglieder der revolutionären Organisation »Söhne der Freiheit«, teilweise mit bemalten Gesichtern und als Indianer verkleidet, die 3 englischen Schiffe, holten die Teekisten aus den Laderäumen und warfen sie über Bord. Unter dem Jubel der auf den Kais versammelten Bevölkerung flogen 342 Kisten Tee ins Wasser (der 4. zum Konvoi gehörende Segler mit dem Rest der Teesendung hatte vor Cape Cod Schiffbruch erlitten). Heute erinnert eine Gedenktafel im Bostoner Hafen an die patriotische Heldentat der *Boston Tea Party*.

Die Regierung in London schlug mit der »Boston Port Bill« zurück. Der Hafen von Boston sollte so lange geschlossen bleiben, bis der vernichtete Tee und die darauf erhobene

Steuer bezahlt worden seien. Außerdem wurde die Regierung der Kolonie Massachusetts nach Salem verlegt. Diese Strafmaßnahmen erlangten durch einen Parlamentsbeschluß vom 31. März 1774 Gesetzeskraft. Die amerikanischen Kolonien zur Botmäßigkeit gegenüber dem Mutterland zurückzuführen, vermochten sie nicht.

Drüben berief man den First Continental Congress ein, in dem Abgeordnete aus allen 13 Kolonien vertreten waren. Die Boston Tea Party war ein Fanal zur amerikanischen Unabhängigkeit.

Die Teeabstinenz der Amerikaner dauert übrigens bis heute als Beinahe-Abstinenz an: Der Pro-Kopf-Verbrauch an Tee in den USA beträgt nur ein Zehntel des britischen Durchschnittskonsums. Die Amerikaner sind eine Nation von Kaffeetrinkern geworden und geblieben. Und den Tee, der zwischen New York und San Francisco verbraucht wird, verarbeitet man drüben zum größten Teil zu Eistee, den es als fertig gemischtes lösliches Pulver und auch als Dosengetränk zu kaufen gibt.

Auf den Britischen Inseln aber wuchs die Beliebtheit des Tees mit schöner Beständigkeit, und das lukrative Monopol der Ostindischen Kompanie hielt noch mehr als ein halbes Jahrhundert (sieht man einmal vom gleichfalls florierenden Teeschmuggel ab).

Der wachsende Teedurst indes brachte den Briten auch Probleme: Der Teehandel mit China war ein einseitiges Geschäft. Die Chinesen, oder besser: die chinesische Regierung, waren am Import von Waren aus dem Westen nicht interessiert. Die East India Company beglich die Teerechnungen meist in bar – wenn auch nicht mit britischem Geld, denn dies war ihr untersagt.

Es begann ein sehr unrühmliches Kapitel der britischen Geschichte, das mit dem Teehandel in enger Beziehung steht.

Tee gegen Opium – China zahlte einen hohen Preis

Opium ist der eingedickte Saft der unreifen Samenkapsel des Weißen Mohns oder Schlafmohns, *Papaver somniferum*. Schon die alten Griechen kannten die Wirkung dieser in Kleinasien beheimateten Pflanze und nutzten sie als Medikament.
In China benutzte man Opium seiner stopfenden Wirkung wegen als Mittel gegen den Durchfall bei Ruhrerkrankungen. Im Reich der Mitte entdeckte man auch den Rausch, den Opium auslöst, wenn es geraucht wird.
1796 bereits erließ die Regierung in Peking ein Gesetz, das die Einfuhr von Opium verbot. Es blieb praktisch ohne Wirkung. Opium war die eine Ware, für die in China eine Nachfrage bestand, und die Britische Ostindische Kompanie schickte sich an, sie zu befriedigen. Im Osten Indiens ließ sie Schlafmohn anbauen, zu Opium aufbereiten und nach China verschiffen – der Handel mit der gefährlichen Droge war ein Geschäft mit phantastischen Zuwachsraten.
Die chinesische Regierung erkannte wohl, daß das Rauschgift nicht nur ein Individuum, sondern auch ein ganzes Volk zugrunde richten konnte, aber ihre Verordnungen, Gesetze und Strafen erwiesen sich als machtlos im Kampf gegen die vereinte Sucht der Opfer und die Geldgier der Händler. Die Verbote erhöhten eher den Reiz der Droge, trieben den Preis nach oben und steigerten dadurch wiederum die Gewinnspannen und die Risikobereitschaft der Schmuggler und Verteiler.
Die nach China gelieferte Opiummenge stieg in den Jahren 1821 bis 1832 um das Fünffache, der Erlös im gleichen Zeitraum immerhin um das Zweieinhalbfache auf ein Volumen von mehr als 15 Millionen Dollar. Opium war zum bedeutendsten internationalen Handelsprodukt geworden. Die Kompanie in London kassierte gleichermaßen beim illega-

len Opiumgeschäft wie beim legalen Teehandel. Noch nie in der Geschichte hatte ein einzelnes Wirtschaftsunternehmen soviel Macht besessen.
Die Regierung in Peking war dagegen fast machtlos. Das 5000 Jahre alte chinesische Staatswesen war schwer erkrankt. Sein Organismus, bis dahin sorgsam abgeschirmt, besaß keine Abwehrkräfte gegen diese von den Europäern eingeschleppte Krankheit.
Es blieb ihm nur die Notwehr. 1839 schickte der Kaiser einen mit allen Vollmachten ausgestatteten Vertrauten namens Lin mit dem Auftrag nach Kanton, dem Opiumhandel ein Ende zu bereiten. Lin gab sich mit chinesischer Höflichkeit gar nicht erst ab, er kam gleich zur Sache.
In einem schon 3 Tage nach seiner Ankunft veröffentlichten Erlaß stellte er fest, daß die Schiffe der Europäer nunmehr nicht zu zehnt, sondern gleich zu Hunderten einträfen, und fragte ganz direkt: »Warum führt ihr uns Opium zu, das in euren eigenen Ländern nicht in Gebrauch ist, und veranlaßt so der Menschen Tod und Verderben? Ihr habt das Volk im Reich der Mitte seit zehn Jahren verleitet und dabei in ungerechter Weise ungeheure Summen gewonnen. Ein solches Benehmen muß jedermann empören und ist vor den Augen der kaiserlichen himmlischen Vernunft gar nicht zu entschuldigen . . .«
Weiter heißt es darin, Lin habe erfahren, daß die im Hafen liegenden Schiffe viele tausend Kisten Opium an Bord hätten, das nach China eingeschmuggelt werden sollte. »Die fremden Kaufleute . . . müssen das Opium, das sie auf ihren Schiffen haben, bis auf die letzte Kiste ausliefern, ohne auch nur ein Stäubchen zu unterschlagen.«
Um seinem Befehl den nötigen Nachdruck zu verleihen, ließ Lin vor den britischen Faktoreien einen chinesischen Opiumschmuggler köpfen und um diese Niederlassungen einen Blockadering legen.
Die Briten mußten schließlich klein beigeben und 20291 Ki-

sten Opium ausliefern. Das Rauschgift wurde mit Kalk und Öl vergällt und dann ins Meer geschüttet.
Diese Demonstration chinesischer Macht entpuppte sich jedoch als Pyrrhussieg. Die Briten zogen sich zwar zunächst nach Macau und auf ihre Schiffe in der Bucht von Hongkong zurück. Man sprach auch miteinander über ein neues Handelsabkommen. Als aber betrunkene britische Seeleute auf der Insel Hongkong einen Einheimischen erschlugen, eröffnete die chinesische Artillerie das Feuer auf britische Schiffe. Einige Dschunken wurden versenkt, und der Kaiser verwies »auf ewige Zeiten« alle britischen und indischen Schiffe des Landes.
Die Briten antworteten mit Kanonen. Ein Geschwader fuhr bis nach Nanking den Jangtsekiang hinauf und belagerte die Stadt, nachdem zuvor die südchinesische Küste bombardiert worden war. Der Friedensvertrag von Nanking, der 1842 den Opiumkrieg beendete, war ein britisches Diktat. China mußte die Häfen Amoy, Kanton, Ningpo, Futschou und Schanghai für den Außenhandel öffnen und Ausländern Niederlassungsrecht gewähren, Hongkong wurde »auf ewige Zeit« an Großbritannien abgetreten, diplomatische Beziehungen zwischen London und Peking wurden etabliert. China beendete das Exportmonopol, das in den Händen einiger ausgesuchter Kaufleute gelegen hatte, und verpflichtete sich zur Zahlung von Reparationen an die Briten.
Der Niedergang Chinas hatte begonnen, ein Jahrhundert der Demütigungen und der erpreßten Verträge. Die Tee-Exporte nach Großbritannien freilich nahmen kräftig zu, ebenso die Einfuhr des Opiums, das die Seele des chinesischen Volkes langsam aufzehrte.

Tee in Indien: Konkurrenz zur Wahrung des Monopols

Solange die Ostindische Kompanie das Monopol für die Tee-Einfuhr aus China besaß und die britische Nachfrage mit Tee aus dem Reich der Mitte bei guten Gewinnspannen für die Gesellschaft problemlos gedeckt werden konnte, hatte anderswo der Teeanbau keine Chancen.

Robert Kyd, ein in Indien stationierter britischer Oberst, hatte schon 1780 Teepflanzen aus Kanton nach Kalkutta kommen lassen. Dort, im tropischen Klima, gediehen die Sträucher prächtig, aber es fehlte die Kenntnis der Pflanzenpflege und der Teeverarbeitung, es gab keine indischen Facharbeiter und in London kein Interesse an Tee aus Indien.

8 Jahre später, als Sir Joseph Banks, der Kapitän James Cook bei seiner Weltumseglung begleitet hatte, den Direktoren der Londoner Ostindischen Kompanie vorschlug, in Indien in großem Stil Tee zu pflanzen, hörten die Herren ihm geduldig zu – und unternahmen nichts. Das Geschäft mit dem Monopoltee aus China lief ja prächtig, weshalb also sollte man sich in Indien unnötige Umstände und Kosten machen?

1833 aber, als China den Monopolvertrag mit der Kompanie nicht verlängerte und das Tor nach China der Konkurrenz ein Stück weit offenstand, dachte man in London schon anders über Tee aus Indien. Da traf es sich günstig, daß Major Bruce von der britischen Indien-Armee, der seine Freizeit dem Studium der Botanik widmete, im Urwald von Assam einen Baum entdeckte, dessen Blätter denen des Teestrauchs fast aufs Haar glichen. *Thea sinensis var. assamica,* der indische Teebaum, war gefunden.

Im Gegensatz zu *Thea sinensis,* dem chinesischen Teestrauch, der unbeschnitten höchstens 3–4 m groß wird, erreicht der indische Verwandte im Normalfall 15, manchmal

sogar 30 m Höhe. In den Teegärten werden freilich beide durch Beschnitt auf eine fürs Pflücken günstige Höhe von knapp 1 m gehalten.
Nun rodete man in Assam den Dschungel und legte die ersten Teegärten an. 1839 lieferte die Plantage die ersten 8 Kisten nach London: ein kleiner Anfang in einem Land, das heute der wichtigste Teeproduzent der Erde ist.

Die kurze, glorreiche Epoche der Teeklipper

Das Ende des Exklusivvertrages mit China und die neue Konkurrenz brachten Bewegung auch in das behäbige Londoner Monopolunternehmen. Tee ist ein empfindliches Gut, das das feuchte Klima im Laderaum eines Seglers schlecht verträgt.
Die Zeit im Laderaum verkürzen, die Seereise beschleunigen, heißt die Qualität des Tees für den Verbraucher verbessern. Bessere Qualität bringt auch einen besseren Preis.
Als erste Reaktion verordnete die Ostindien-Kompanie ihren Schiffen ein einfaches, aber wirkungsvolles Beschleunigungsprogramm: Die Kapitäne erhielten Anweisung, rund um die Uhr zu segeln, anstatt – wie bis dahin – das Tuch nachts einzuholen. Allein diese Maßnahme brachte auf der Strecke Kanton–London einen Zeitgewinn von mindestens einem vollen Monat.
Die neue Wirtschaftslehre des Liberalismus setzte sich auch zu Wasser durch: 1849 wurde die Navigationsakte aufgehoben, deren Ursprung noch in die Cromwell-Zeit zurückreichte. Englands Häfen waren offen für Schiffe und Waren aus aller Welt.
Amerikaner waren die ersten, die beim Teetransport von China nach England mit den Briten in Wettstreit traten.
Die Schiffsarchitekten in Neuengland hatten einen revolu-

tionären neuen Schiffstyp entwickelt: den Klipper. Es waren lange, schlanke Dreimaster mit messerscharfem Bug, der das Wasser regelrecht durchschnitt. Die hohen Masten waren nach hinten geneigt, ein jeder trug an Rahen 6 Rechtecksegel übereinander. Ein Klipper unter vollen Segeln ist ein Bild, das noch heute jeden Windjammerfan begeistert.
Donald McCay in East Boston war der berühmteste Architekt und Erbauer von Klipperschiffen. Als sein größtes Meisterwerk gilt die 1852 vollendete *Sovereign of the Seas,* eine wirkliche »Herrscherin der Meere«, die vor dem Passatwind segelnd einen Geschwindigkeitsrekord aufstellte: 411 Seemeilen in 24 Stunden. Nur er selbst schaffte es, ein noch schnelleres Schiff zu bauen, die *Lightning*. Diese »Blitz« erhöhte dann auch den Tagesstreckenrekord auf 436 Seemeilen.
1850, schon bald nachdem die Schranken der britischen Navigationsakte gefallen waren, machte der amerikanische Klipper *Oriental* mit einer Ladung Tee in London fest. Er hatte auf der Reise von China nach England die britische Konkurrenz weit hinter sich gelassen.
Die Briten stellten sich der Herausforderung. Ihre ersten Klipper wurden aber nicht in London, sondern im schottischen Aberdeen auf Kiel gelegt.
Die alten traditionellen Segler, zu denen auch die East Indiamen gehörten, waren ganz aus Holz gebaut. Um 1820 wurden auch bereits die ersten eisernen Schiffsrümpfe gebaut. Für die Beförderung von Tee und anderen ähnlich empfindlichen Gütern hatten eiserne Schiffe jedoch verschiedene Nachteile. Einmal bildete sich bei der Durchfahrt durch die verschiedenen Klimazonen in den Laderäumen Kondenswasser, dessen man seinerzeit noch nicht durch mechanische Lüftungseinrichtungen Herr werden konnte. Dann gab es das Problem des Bewuchses: An Schiffsrümpfen setzen sich Algen und Schalentiere genauso gerne fest wie an Felsen oder Dalben. Ihre mikroskopisch

kleinen Larven und Sporen schwimmen als Plankton im Wasser. Besonders in warmen Meeren entwickelt sich der Bewuchs am Unterwasserschiff sehr schnell und hemmt die Fahrt entsprechend stark.

Als Gegenmittel brachte man auf Holzschiffen dünne Kupferplatten auf, die mit Kupfernägeln befestigt wurden. Bei eisernen Fahrzeugen war dies nicht möglich, weil die galvanische Korrosion Eisen bei Anwesenheit von Kupfer im Wasser zerstört.

Für die Klipper fanden die Schiffsbauer einen genialen Kompromiß, der die Vorteile von Eisen und Holz kombinierte und die Nachteile weitgehend vermied: Holzplanken wurden auf ein Eisenskelett geschraubt. Diese Konstruktion verband Festigkeit mit relativ geringem Gewicht, und in schwerer See bewährte sich diese Verbundbauweise besser als eine reine Holzkonstruktion und war dabei elastischer als ein Eisenrumpf.

Auch in China brachte die Mitte des vorigen Jahrhunderts eine wichtige Änderung im Teehandel: Futschou löste Kanton als Ausfuhrhafen ab. Es liegt näher an Chinas Teeanbaugebieten, was bei den damaligen Transportverhältnissen schon einen wichtigen Zeitgewinn bei der Beförderung des Tees vom Bauern in China zum Verbraucher in Britannien bedeutete.

In Futschou konnte die erste Pflückung des Jahres, der begehrte first flush, schon Anfang Juni, mit etwas Glück sogar bereits Ende Mai an Bord der Klipper sein. Wenn die schlanken, eleganten Schiffe dann die Anker lichteten und die Segel setzten, starteten sie zu den berühmten Teerennen rund um den halben Erdball. Dabei ging es um Ehre und Ansehen, um Ruhm und Geld.

Die Einsätze waren hoch, entsprechend groß die Risikobereitschaft der Klipperkapitäne. Zwar waren die Zeiten friedlicher als zu Beginn des Teehandels, die Klipper führten nicht mehr reihenweise Kanonen an Deck wie die alten

East Indiamen, aber die nun verlangte Geschwindigkeit forderte ihren Tribut.

Das berühmteste »Teerennen« fand 1866 statt. Zwischen dem 28. Mai und den ersten Junitagen segelten 11 Klipper, vollbeladen mit Tee der neuen Ernte, von Futschou in Richtung London, jedes Schiff mit 500–600 Tonnen Tee beladen, vollgepackt bis in die Kapitänskajüte.

Nach 98 Tagen trafen sich die beiden schnellsten Schiffe, die *Ariel* unter Kapitän Keay und die *Taeping* unter Kapitän McKinnon in der Einfahrt zum Ärmelkanal wieder. Nach dem Rennen um die Welt übernahmen die Konkurrenten im Abstand von 10 Minuten am Morgen des 6. September vor Dungeness die Lotsen für die Fahrt durch den Ärmelkanal. Von der Küste aus beobachtete man den Endspurt und meldete den jeweiligen Stand sofort nach London. In der Themsemündung strichen beide die Segel, um sich von Dampfschleppern in den Hafen ziehen zu lassen.

Das Rennen endete schließlich unentschieden, und die Eigner der *Taeping* und der *Ariel* einigten sich darauf, die Siegprämie zu teilen – auch wenn die Kapitäne und Mannschaften der beiden Segler, jeweils mit guten Gründen, meinten, die Wettfahrt zu ihren Gunsten entschieden zu haben.
Der Konkurrenzdruck, der die Klipperkapitäne zwang, ihre Teefracht im Wettlauf gegen die Zeit von Futschou nach London zu bringen, forderte auch seine Opfer. Die durchschnittliche »Lebenserwartung« eines Klippers betrug nur etwa 6 Jahre; d. h., das Schiff konnte im besten Falle 8 oder 10 Reisen nach China und zurück unternehmen. Mannigfach waren die Gefahren, die auf See drohten. Plötzlich aufziehende Stürme, in den Tropen nichts Ungewöhnliches, verlangten von der Mannschaft eines Seglers höchsten Einsatz und ein Maximum an seemännischer Erfahrung – besonders bei einem so stark aufgetakelten Fahrzeug wie dem Klipper, bei dem vor dem Wind neben den 18 Hauptsegeln noch bis zu 14 Zusatzsegel gesetzt wurden. Und im Gewirr der asiatischen Inselwelt lauerten Riffe, die noch auf keiner Seekarte verzeichnet waren.
Nur ein einziger Klipper blieb erhalten: die berühmte *Cutty Sark,* die als Museumsschiff bei Greenwich in der Themse liegt. Sie ist eines der schönsten und zugleich eines der letzten Klipperschiffe, die gebaut wurden. Sie verkörpert Höhepunkt und Abschluß einer kurzen aber glanzvollen maritimen Ära. 1869 nämlich, im Jahr, in dem die *Cutty Sark* vom Stapel lief, wurde auch der Suezkanal eröffnet.
Der Durchstich vom Mittelmeer zum Roten Meer verkürzte den Weg des Tees von China nach Europa um 7000 Kilometer oder rund ein Drittel. Der neue Seeweg führte auch den Sieg des Dampfschiffes über die schnellen Segler herbei. Hochseefähige, maschinengetriebene Schiffe hatte es zwar schon seit einem halben Jahrhundert gegeben (1819 überquerte die amerikanische *Savannah* zum erstenmal den Atlantik nach England), aber auf der langen Teeroute

über das Kap der Guten Hoffnung war es zu aufwendig und schwierig, an der langen Küste Afrikas Kohlendepots für die Dampfer anzulegen.
Die neue, direkte Route durch den Suezkanal erst machte das Dampfschiff wirtschaftlich überlegen. Die Briten legten an strategisch günstigen Punkten Bunkerstationen an, etwa in ihrer Kronkolonie Aden am Ausgang des Roten Meeres oder in Singapur, dem aufblühenden Wirtschaftszentrum im Malaiischen Archipel.
Die schnelle Seereise kam auch dem Tee zugute. Nicht nur, daß die Transportdauer verkürzt wurde: Auf den Dampfschiffen richtete man spezielle, wohlbelüftete Laderäume für die empfindliche Teefracht ein.
Bei diesem Stand der Dinge ist es bis heute im wesentlichen geblieben. Freilich ist die Einzelverladung von Teekisten mehr und mehr dem Containertransport gewichen, bei dem stählerne Kisten vom Format eines Eisenbahnwaggons aufs Schiff und vom Schiff wieder auf Landfahrzeuge umgeladen werden.
Für die gesuchten und teuren Spitzenqualitäten, den first flushes aus Darjeeling etwa, ist heute der Jumbo-Jet das standesgemäße Transportmittel. Schließlich gibt es immer mehr Teekenner, die gespannt und voller Neugier darauf warten, die erste Tasse mit dem Tee der neuen Ernte aufzubrühen.

Teeismus: die Philosophie des Tees und ihre Riten

»Im fünfzehnten Jahrhundert erhob Japan den Tee zu einer Religion des Ästhetizismus, zum Teeismus. Teeismus ist ein Kult, gegründet auf die Verehrung des Schönen inmitten der schmutzigen Tatsachen des Alltags. Er umschließt Reinheit und Harmonie, das Geheimis des Mitleidens, die Romantik der gesellschaftlichen Ordnung. Dem Wesen nach ist er eine Verehrung des Unvollkommenen, denn er ist ein zarter Versuch, etwas Mögliches zu vollenden in diesem Unmöglichen, das wir Leben nennen.« Auf diese einprägsame Formel bringt Kakuzo Okakura das Wesen der im Zen-Buddhismus wurzelnden Teezeremonie und der Philosophie, auf der diese aufbaut, die sich in ihr manifestiert.

Okakura, Sohn eines Samurai, 1862 geboren, schrieb diese Sätze für westliche Leser, in seinem auf englisch abgefaßten, 1906 veröffentlichten *Das Buch vom Tee.* Er war ein Mittler, der sich die Aufgabe gestellt hatte, uns Europäern das Wesen der asiatischen, speziell der japanischen Kultur und Philosophie verständlich zu machen. Sein Buch vom Tee ist in einer sehr direkten, »westlichen« Sprache abgefaßt, in Worten von eindrucksvoller Schlichtheit, wie sie auch die Gerätschaften auszeichnet, die bei der Teezeremonie benutzt werden.

Cha-do, der Teekult (wörtlich bedeutet das Wort »Tee-Weg«), empfindet die Schönheit im Einfachen, suchte die Größe in den kleinen Dingen, erstrebt die Harmonie des Menschen mit der Natur. Heute, im Zeitalter der höchsten Technisierung aller Bereiche des Lebens, besinnen sich die Menschen in Japan wieder stärker auf die traditionellen Werte, die sich in der Teezeremonie ausdrücken.

Die Zeremonie geht zurück auf das gemeinsame Teetrinken der Mönche in den Zen-Klöstern, bei dem die Schale mit dem grünen schaumigen Tee die Runde machte. Die Mönche tranken Tee, um bei der Meditation den Geist zu beflügeln und den Schlaf fernzuhalten.

Heute hat der gebrühte Blattee im japanischen Alltag den grünen Pulvertee verdrängt, dieser aber ist noch immer »der Tee der Tees« und Mittelpunkt der uralten, aber sehr lebendigen Tradition.

In den Gärten von Uji bei der alten Kaiserstadt Kyoto wächst der Tee, der für die Zeremonie am meisten geschätzt wird. So frisch wie möglich soll er sein. Es ist durchaus nicht ungewöhnlich, daß ein Teemeister aus einer der dort ansässigen Schulen am Morgen das Pflücken und Rösten der Teeblätter überwacht, die er dann am Nachmittag desselben Tages bei der Zeremonie zum »Schaum aus flüssiger Jade« aufschlägt und seinen Gästen reicht.

Die Stätte des Teekults ist das Teehaus, das in einem besonderen Garten steht. Ein japanischer Garten ist stets Abbild und Symbol einer Landschaft. Neben Pflanzen werden bei seiner Gestaltung Wasser und Steine eingesetzt, er ist ein kunstvoll geordnetes »natürliches« Abbild der großen Natur.

Das Teehaus selbst ist sehr einfach gehalten, aus natürlichen Materialien gebaut. Die Wände bestehen aus Bambusflechtwerk, das mit einem Gemisch aus Stroh und Lehm ausgefüllt ist. Das Dach ist mit Schindeln gedeckt, weit überstehend und tief heruntergezogen, damit möglichst

kein direktes Sonnenlicht ins Haus fällt. Die Fenster sind mit Reispapier bespannt, so daß im Inneren stets ein gleichmäßiges, diffuses Licht herrscht.
Das Grundmaß für die Fläche eines japanischen Hauses ist die Tatamimatte aus Binsengeflecht mit einer Füllung aus Reisstroh; sie mißt 90 mal 180 Zentimeter. Der klassische Teeraum ist das Viereinhalb-Matten-Zimmer mit einem Maß von 2,7 m im Quadrat, also knapp 7,3 m^2. Die halbe

Matte ist in der Mitte eingefügt und besitzt eine steingefaßte Aussparung als Feuerstelle.
An einer Seite ist der Raum um die Bildnische erweitert, in der bei der Teezeremonie ein Rollbild mit einer Zeichnung oder einer Kalligraphie aufgehängt wird; manchmal kommt noch eine Vase mit einer einzelnen Blume oder einem Blütenzweig – es kann auch ein Zweig mit Blättern sein – hinzu. Dies sind die einzigen »schmückenden« Elemente des Teehauses. Sie werden für jede Zeremonie vom Teemeister speziell ausgewählt und plaziert.
Der Eingang ist eine Schiebetür, nur eine Matte breit und absichtlich nur 90 cm hoch, damit die Gäste den Teeraum in demütiger Haltung betreten.
Die Stützen, die das Dach tragen, sind oft aus natürlich gewachsenem Holz, mit einem lediglich geschälten und sorgsam polierten Stamm als Hauptpfeiler; die Maserung und auch die Astlöcher sind erkennbar.
Die mit Reispapier bespannten Fenster lassen sich aufschieben, um den Gästen den Blick in den Garten zu ermöglichen. Die Beziehung zur lebendigen Natur, wie sie sich im Teegarten rund um das Teehaus verkörpert, ist ein wesentlicher Teil der Teephilosophie.
Ebenso wichtig wie der Teeraum ist die Auswahl und die Gestaltung der Geräte für die Teezubereitung.

Chawan, die Teeschale, ist der Mittelpunkt der Handlung. Chawan ist nicht nur für die Teezeremonie, sondern für die gesamte japanische Kunst von zentraler Bedeutung. Auf den ersten Blick ist es lediglich eine schmucklose irdene Schale ohne Henkel. Sie ist niemals ganz regelmäßig geformt, sondern so gestaltet, daß sie sich in die tragende Hand schmiegt und dazu auffordert, die andere Hand anzulegen. Sie will also mit beiden Händen umfaßt werden.
Die meistgeschätzten, kostbarsten Teeschalen werden nicht auf der Töpferscheibe gedreht, sondern von Künst-

lern freihändig aufgebaut. Die Glasur ist keine Malerei, sie zeigt vielmehr ein unregelmäßiges Muster durch den Verlauf erdhafter Farben.
Bei japanischer Keramik versagt unser Unterscheidungssystem nach Steinzeug, Steingut und Porzellan. Es gibt Teeschalen, die so mürbe sind, daß man Angst haben muß, sie würden in der Hand zerbrechen, es gibt aber auch sehr harte und alle erdenklichen Qualitätsstufen dazwischen.
Mizusashi heißt das Gefäß für das kalte, frische Wasser, meist aus Keramik, manchmal auch – eimerartig – aus Holz, stets mit Deckel.
Furo heißt das Kohlenbecken, auf dem im Sommer das Wasser im Kessel erhitzt wird. Es gibt verschiedene Arten aus Bronze, Gußeisen oder Ton, die jeweils für unterschiedliche Varianten der Teezeremonie gebraucht werden. Im Winter wird das Wasser über einem offenen Holzkohlenfeuer erhitzt, das auf dem *Ro,* der in den Boden eingelassenen Feuerstelle, entzündet wird.
Kama heißt der Wasserkessel. Er kann aus Bronze oder aus Eisenguß hergestellt sein. Es gibt sie in einer Vielzahl verschiedener Formen. Allen gemeinsam sind die an der Oberseite seitlich angebrachten Ösen, durch die abnehmbare offene Ringe als Griffe eingezogen werden können, um den heißen Kessel vom Feuer nehmen zu können. Am Boden des Kessels sind kleine Eisenstücke angebracht, die ihn zum Singen bringen, wenn er erhitzt wird. Aus dem Lied des Wasserkessels soll man das Brausen eines Wasserfalls, die an die Küste brandende See, das Rauschen des Wolkenbruchs im Bambuswald oder das Säuseln der Kiefern auf den Hügeln heraushören.
Für die einzelnen Jahreszeiten gibt es unterschiedliche Kessel. Die großen für den Winter passen zum Ro, die kleinen werden auf das Kohlenbecken gesetzt. Die Kessel für den Frühling werden oft an einer Kette oder einer Bambusstange an der Zimmerdecke über die Feuerstelle gehängt.

Chaire, die Teebüchse, ist in der Rangordnung der Geräte der Teeschale ebenbürtig. Sie kann aus Holz, Bambus, Lack oder Keramik bestehen. Besonders die Lackdosen sind oft kostbare Kunstwerke; sie werden zusätzlich durch eine seidene Hülle geschützt. Zum Zwecke besserer Abdichtung sind die Deckel der Teedosen manchmal auf der Innenseite mit Blattgold belegt. Es gibt an die hundert unterschiedliche Formen von Teebüchsen.

Chaschaku ist der Bambuslöffel, mit dem der Tee aus der Büchse in die Schale portioniert wird. Für Löffel, die von berühmten Teemeistern geschnitzt oder auch nur gebraucht wurden, werden von Liebhabern hohe Preise gezahlt. Zum Teelöffel gehört ein Aufbewahrungsetui, das ebenfalls aus Bambus gearbeitet ist. Für besonders feierliche Teezeremonien werden Chaschaku aus Elfenbein oder Edelholz benutzt.

Chasen, der Teeschläger, ist ein für uns Europäer besonders fremdartiges und interessantes Gerät. Er wird aus einem Stück Bambus herausgearbeitet und sieht auf den ersten Blick aus wie ein Rasierpinsel. Er ist etwa 10 cm hoch und am Griff 3 cm dick und wird aus einem gewachsenen Stück Bambus mit einem Knoten in der Mitte hergestellt. Das Stück oberhalb des Knotens bildet den Griff, unterhalb wird das Rohr in bis zu hundert Fasern gespalten. Jede zweite wird mit einem Faden nach innen gebunden, so daß sich die Fasern in der Mitte kreuzen, während die übrigen nach außen stehen. Obwohl der Teeschläger nach unseren Begriffen ein besonders kunstvolles Gebilde ist, genießt er bei den Japanern keine besondere Wertschätzung. Er ist schlicht ein Gebrauchsgegenstand, den man bei Bedarf erneuert.

Koboschi ist der Napf, der das Wasser aufnimmt, mit dem die Teeschale vor Gebrauch gespült wurde. Es gibt Koboschi aus Bronze oder aus Keramik.

Futaoki heißt der Deckelhalter, auf dem der heiße und

nasse Deckel des Wasserkessels abgelegt wird, während das Wasser für den Tee geschöpft wird. Die einfachsten sind aus Bambus, es gibt jedoch auch wertvolle aus Keramik oder Bronze.
Hischaku ist der Schöpflöffel aus Bambus. Die Laffe ist aus einem dicken, der Stiel aus einem dünnen Rohr gefertigt. Wie beim Teeschläger handelt es sich hier um einen Gebrauchsgegenstand, dem der Japaner keine besondere künstlerische Aufmerksamkeit schenkt, auch wenn uns dessen Ausführung durch ihre handwerkliche Perfektion besticht.
Fukusa ist das rote, violette oder auch braune Seidentuch, das bei der Zeremonie am Gürtel des Kimonos getragen wird; die Art der Faltung ist genau vorgeschrieben. Es dient zur Reinigung der Teeschale. Diese Reinigung ist symbolisch, denn die Schale ist ohnehin peinlich sauber.
Chakin ist ein grobes Leinentuch, das vor Gebrauch befeuchtet und ebenfalls gefaltet wird.
Kaschiki ist das Kuchentablett, auf dem das besondere, eigens für die Teezeremonie nach überlieferten Rezepten gebackene Kleingebäck gereicht wird.

Dies sind die Geräte, wie sie für *Hakobidate,* die einfachste Form der Teezeremonie, gebraucht werden. Von jedem Gerät gibt es unterschiedliche Formen und Ausführungen. Die jeweilige Auswahl unterliegt bestimmten Regeln, die sich nach Jahreszeit, Tageszeit und Anlaß richten. Außerdem muß der Teemeister darauf achten, daß die zu einer Zeremonie verwendeten Geräte zueinander passen.
Hier wird eine Harmonie angestrebt, die auch die gesamte Zeremonie kennzeichnet. Harmonie nach japanischer Auffassung bedingt, daß die Geräte jeweils von unterschiedlicher Form und aus verschiedenem Material sein sollen. Nichts darf sich wiederholen. Symmetrie in der Anordnung empfindet der Japaner als störende, langweilige Wiederho-

lung. Die japanische Harmonie ist auf der Asymmetrie aufgebaut. Bei der Zeremonie selbst darf auch kein Gegenstand so abgelegt werden, daß er durch seine Position den Teeraum in zwei Hälften teilt. Er muß also stets etwas abseits der gedachten Mittellinie liegen.
Bei der Hakobidate werden alle Geräte in den Raum gebracht, sobald sie gebraucht werden. Es gibt aber auch eine Auswahl an Wandbrettern, Tischchen, Gestellen und Schränkchen, die unter dem Begriff *Tanamono* zusammengefaßt werden. Die Gestaltung dieser Kleinmöbel geht auf verschiedene große Teemeister zurück, Material und Maße sind jeweils genau vorgeschrieben.
Chanoyu heißt eigentlich »heißes Wasser für Tee« und wird allgemein mit »Teezeremonie« übersetzt. Chanoyu ist der Oberbegriff für die verschiedenen Formen des zeremoniellen Teetrinkens. Eigentlich aber handelt es sich dabei weniger um eine Zeremonie als um die Ausübung einer Kunst. Dem Uneingeweihten erscheint die Teezeremonie als starres Ritual. Tatsächlich sind die Abläufe und die Bewegung bis ins kleinste Detail festgelegt. Alles aber dient nur dem einen Ziel, Tee möglichst perfekt zuzubereiten und darzubieten. Die Handhabung der Geräte, die Bewegungen des Körpers sind sinnvoll zweckgerichtet, so daß sich eine fast vollkommene Harmonie ergibt.
Chaschitsu, der Teepavillon, liegt im Teegarten, *Roji.* Der Teegarten soll ein von dem Schmutz der Welt gereinigter Bezirk sein, in dem Herz und Geist des Menschen klar und ruhig werden. In den Moosboden sind Schrittsteine eingebettet, die einen gewundenen Pfad ergeben. Der Gast soll ihn langsam, gemessenen Schrittes beschreiten, damit die Unruhe und die Gedanken des Alltags von ihm abfallen. An den Biegungen soll er verweilen und die wechselnden Blicke auf die Landschaft des Gartens genießen.
Auf einer kleinen gedeckten Bank im Garten versammeln sich die Gäste, um den Gastgeber zu erwarten. Hat der

Meister die letzten Vorbereitungen im Pavillon erledigt, geht er zur Bank, um die Gäste zu begrüßen – schweigend. Langsam folgen ihm die Gäste zum Teehaus; unterwegs reinigen sie sich an einem aus einem Naturstein gearbeiteten, moosbewachsenen Wasserbecken Mund und Hände, um schließlich durch die niedrige Schiebetür in den Teeraum zu schlüpfen. Drinnen herrscht Gleichheit, Stand und Prestige läßt der Teegast draußen zurück.

Das klassische Viereinhalb-Matten-Teezimmer ist auf 5 Gäste zugeschnitten (für größere und kleinere Gesellschaften gibt es besondere Teeräume). Beim Betreten des Raumes wirft der Gast zunächst einen Blick auf die Bildnische und die Art, wie sie geschmückt ist. Auf Knien rutschend begeben sich die Gäste zu ihren Plätzen. Man läßt sich auf Knien und Fersen nieder, der Bequemlichkeit dienen lediglich ein paar Kissen. Ansonsten ist der Raum leer.

Sich ebenfalls auf Knien bewegend – keiner soll sich über den anderen erheben –, kommt der Gastgeber herein und verteilt an die Gäste kleine Tischchen oder Tabletts aus Lack, auf denen nach überlieferten Rezepten zubereitete und in ausgesuchten, oft antiken Gefäßen angerichtete Speisen sind – die Anordnung ist ebenfalls traditionsgebunden. Die Gäste beginnen eine heitere Unterhaltung, würdigen die Speisen und das Geschirr, in dem sie dargeboten werden.

Nachdem die Häppchen gegessen sind, begeben sich die Gäste wieder in den Garten, um auf einer anderen Bank den zweiten Teil des Gastmahls abzuwarten.

Der Meister reinigt den Teeraum, wechselt den Schmuck in der Bildnische, bringt das Teegerät herein und stellt es in der vorgeschriebenen Weise auf, entzündet das Feuer und setzt den Wasserkessel auf. Dann schlägt er fünfmal auf einen Gong, um die Gäste wieder hereinzurufen. Ehe sie Platz nehmen, reinigen sie sich abermals am steinernen Becken im Garten Mund und Hände.

Die Gäste sitzen dem Meister gegenüber, der vor sich in bequemer Reichweite die Teegeräte arrangiert hat. Mit dem Fukusa-Tuch, das im Gürtel seines Kimonos steckt, reinigt er sorgsam die Teeschale. Mit der Bambuskelle schöpft er aus dem Kessel etwas heißes Wasser in die Teeschale und versetzt es mit dem Teeschläger in kreisende Bewegung, dann gießt er es in das Spülgefäß.
Er öffnet die Teedose und gibt mit dem schmalen Bambuslöffel etwas vom leuchtendgrünen Pulvertee in die Schale. Dann reicht er auf einem Lacktablett den Gästen kleine Kuchen – für jeden Gast einen. Der Gast nimmt mit Stäbchen das Küchlein und plaziert es auf ein mitgebrachtes Blatt Papier vor sich.
Der Teemeister versetzt das heiße Wasser im Kessel mit etwas kaltem Wasser, dann schöpft er aus dem Kessel Wasser und gießt es in die Schale über den Tee. Mit dem Schläger schlägt er nun mit genau bemessenen Bewegungen den Tee in der Schale zu einer dickflüssigen, hellgrünen Flüssigkeit mit etwas Schaum.
Nachdem der erste Gast seinen kleinen Reiskuchen gegessen hat, bekommt er die Teeschale gereicht. Er nimmt einen Schluck, reinigt mit seinem Tuch die Stelle der Schale, an der er getrunken hat, und gibt die Schale an seinen Nachbarn weiter. Die Teeschale kann so ein- oder zweimal die Runde machen. Danach setzt sich der Meister zu seinen Gästen, und nun kann jeder die Teegeräte betrachten, in die Hand nehmen und behutsam befühlen.
Schließlich verlassen die Gäste das Teehaus, verbeugen sich noch einmal zum Abschied vor ihrem Gastgeber und wandeln über den Teepfad zurück zum Tor des Gartens.
So eine Teerunde, die nach den Regeln der Kunst zelebriert wird, dauert 4 Stunden, selbst in ihrer einfachsten Variante eine volle Stunde.
Der Teeismus aber kennt nicht nur Meister, sondern Millionen Freunde in Japan, Schüler und Lernende, die in

ihrer Freizeit die Kultur des Tees pflegen, in Teehäusern, die man mieten kann, in den Teeräumen der Tempel oder ganz einfach zu Hause.

Die Ästhetik, die der Teekult geprägt hat, strahlt auf alle Bereiche der japanischen Kultur aus. In der mehr als 200 Jahre dauernden selbstgewählten Isolation Japans, die eine Besinnung auf das Eigene, auf das nationale Ich war, konnte sich der Teekult zur höchsten Blüte entfalten. Die erzwungene Öffnung des Landes und der Zustrom westlicher Einflüsse versetzten dem Teekult zunächst einen schweren Rückschlag, doch heute besinnt man sich in Japan wieder auf die alte eigene Kultur, und der Teeismus blüht erneut.

»Die nicht die Kleinheit großer Dinge in sich fühlen, die werden auch die Größe kleiner Dinge in anderen übersehen. Der Durchschnittseuropäer in seiner glatten Selbstgefälligkeit wird in der Teezeremonie nichts weiter sehen als ein Beispiel mehr für die tausendundein Merkwürdigkeiten, die ihm das Eigenartige und Kindliche des Ostens verkörpern. Er pflegte Japan barbarisch zu nennen, als es noch in den schönsten Künsten des Friedens aufging; er nennt es zivilisiert, seit es begann, auf den mandschurischen Schlachtfeldern Massenmord zu begehen. In der letzten Zeit ist viel über das Gesetz der Samurai geschrieben worden – die Kunst zu sterben, die unsere Soldaten in Selbstaufopferung frohlocken läßt; aber dem Teekult, der so eindeutig unsere Kunst des Lebens darstellt, ist kaum Aufmerksamkeit geschenkt worden. Gern wollen wir Barbaren bleiben, wenn sich unser Anspruch, für zivilisiert zu gelten, nur auf grausigen Kriegsruhm stützen soll. Gern wollen wir die Zeit erwarten, da unserer Kunst und unseren Idealen die gebührende Achtung gezollt wird.«

Diese denkwürdigen Sätze schrieb Kakuzo Okakura 1906 in seinem »Buch vom Tee«. Er, der sich nicht nur Verdienste erwarb, indem er uns Europäern einen Zugang zur Kultur Japans verschaffte, sondern auch als Bewahrer von Kunst und Kulturgütern in seiner Heimat, erlebte diese Zeit nicht mehr – er starb 1913. Heute aber scheinen wir hoffnungsvoll diesem Verständnis Japans ein wenig nähergekommen zu sein.

Es gibt Literatur, die dem Lernbegierigen den ersten Schritt auf dem Teeweg ermöglicht, es gibt die in englischer Sprache erscheinende Zeitschrift *Chanoyu,* herausgegeben von der Urasenke, der traditionsreichsten Teeschule in Kyoto. Und schließlich gibt es, seit dem Olympiajahr 1972, in München hinter dem Haus der Kunst, auf einer Insel im Englischen Garten ein japanisches Teehaus, das von der Urasenke errichtet wurde. Dort lehrt ein Meister dieser Schule Europäern den Teeweg.

Andere Länder, andere Teetrinksitten

Chanoyu, die durchgeistigte japanische Art, Tee zu trinken, ist in ihrer ausgefeilten Konsequenz einmalig. Aber auch in anderen Ländern versteht man, Tee zu genießen, signalisiert die Teekanne oder der Teekessel Gemütlichkeit und Gastfreundschaft.

Zu den ersten, die außerhalb der Teeanbauländer den Tee schätzen lernten, gehörten die Russen. In Rußland erfand man den Samowar, den bauchigen Wasserkessel, der so anheimelnd summt, wenn das Wasser in ihm die richtige Temperatur erreicht hat. Als Wärmequelle diente auch hier glühende Holzkohle. Zum Aufheizen des Wassers gab man bereits glühende Kohle in den Zylinder, der durch den Wasserbehälter führt und unten und oben offen ist, um die nötige Luftzufuhr zur Kohle zu ermöglichen. In der Aufheizphase wurde der Zylinder oben durch ein aufgesetztes Rohr verlängert, um den Luftzug und damit die Hitzeentwicklung der Holzkohle zu verstärken. Zum Nachlegen warf man einfach Kohlestückchen von oben auf die Glut. Wenn dann das Wasser kochte, brühte man in einer kleinen Teekanne mit viel Tee (traditionell wurde geriebener Ziegeltee verwendet) und wenig Wasser eine starke Tee-Essenz auf. Nach der Ziehzeit goß man die Essenz in eine Vor-

ratskanne, die dann anstelle des Verlängerungsrohrs oben auf den Samowar gesetzt wurde. Der Luftzug zur Holzkohle war gestoppt, aber sie glühte noch lange nach und brauchte nur selten ergänzt zu werden.
Eine Tasse Tee anzubieten ist eine selbstverständliche Geste russischer Gastfreundschaft. Man gießt aus dem Kännchen, das oben auf dem Samowar warm gehalten wird, etwas Tee-Essenz in die Tasse und füllt mit heißem Wasser auf, das aus dem Hahn am Bauch des Samowars gezapft wird.
Ein Samowar wurde meist aus Messingblech gefertigt, war innen verzinnt, bei aufwendigerer Ausführung auch außen versilbert. Zur Zarenzeit wie auch noch heute kommen die besten Samoware aus Tula, dem traditionsreichen Zentrum der Metallindustrie an der Upa, 190 Kilometer südlich von Moskau. Die heute hergestellten Samoware sind oft elektrisch oder mit einem Gasbrenner beheizt.
Behälter mit heißem Teewasser sind auch heute in der Sowjetunion eine feste Einrichtung, etwa in den Waggons der Transsibirischen Eisenbahn oder auf Bahnhöfen, wo sich die Reisenden kostenlos bedienen können. Das sind freilich keine kunstvoll geschmiedeten Samoware mehr, sondern prosaische Behälter aus rostfreiem Stahl, und an die Stelle des Kännchens mit der heißen Tee-Essenz ist der banale Aufgußbeutel getreten, den der Reisende selbstverständlich selbst mitbringen muß.
Auf russische Art wird der Tee aus Gläsern getrunken, die in einem Metallhalter stecken, im Tee schwimmt eine Zitronenscheibe. Beim Nachmittagstee ißt man dazu löffelweise Konfitüre, die sehr süß ist.
Der Teeverbrauch in der Sowjetunion ist enorm. Das Land verfügt über ausgedehnte Plantagen in Georgien; der dort erzeugte Tee genügt aber nicht den Ansprüchen der russischen Teekenner (die Blätter werden maschinell abgerupft, so daß keine Auslese wie beim Pflücken von Hand stattfin-

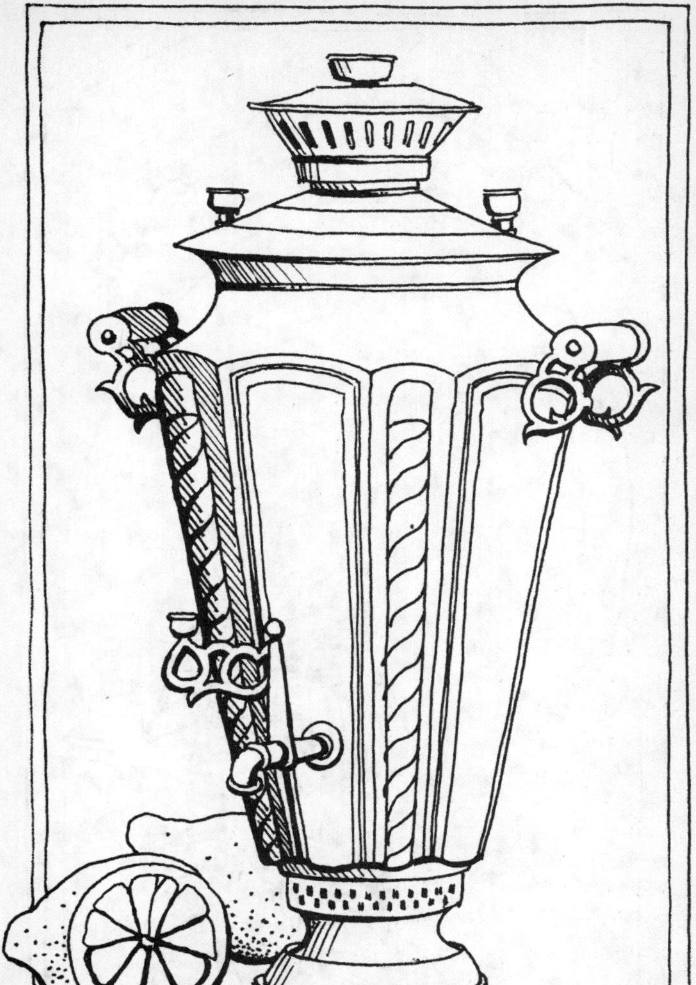

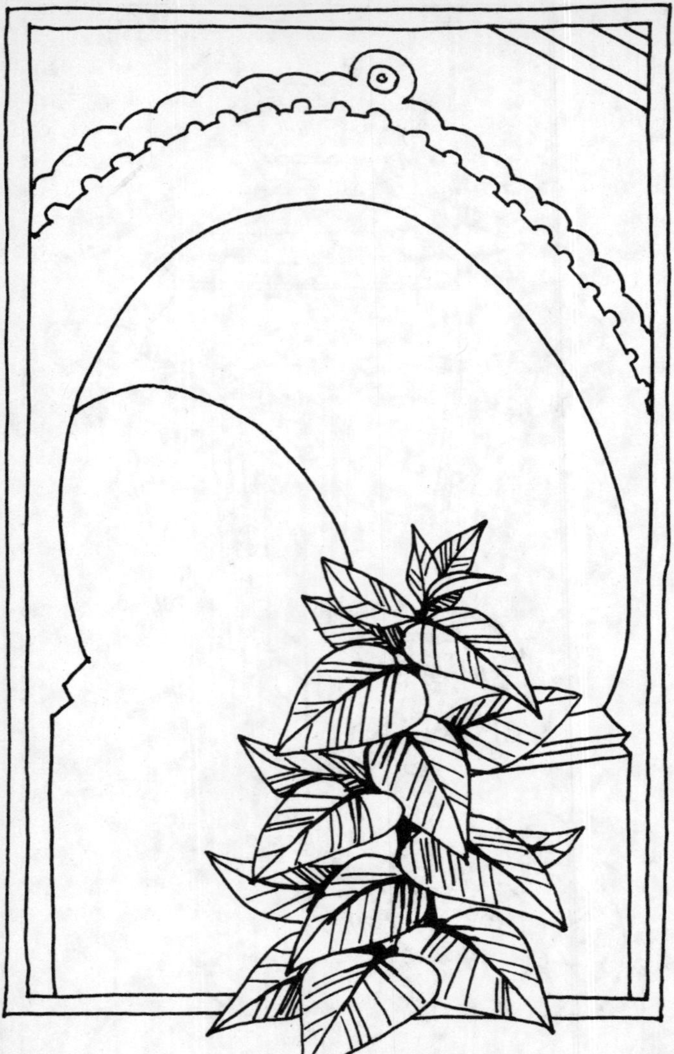

den kann), so daß zur Befriedigung des heimischen Marktes zusätzlich große Käufe in Indien getätigt werden. Kostenloses Teewasser stand den Arbeitern schon im Rußland der Zarenzeit zu. Als die Arbeitgeber einmal dieses Privileg zu streichen drohten, erkannte Lenin sofort, daß er und die Seinen einhaken und sich für die Rechte der Arbeiter stark machen mußten. Mit dem Engagement für die freie Teewasserzuteilung ließ sich die Sympathie der Werktätigen schneller gewinnen als mit den Argumenten über die Besitzverhältnisse an den Produktionsmitteln.

Marokko ist das Land des Thé-menthe. Tee mit reichlich frischer Minze ist das bevorzugte Getränk für die blaue Stunde am Abend. Die Linienbusse, die etwa von Marrakesch über den Hohen Atlas in die dürren Gebiete des Südens fahren, befördern stets auch große Pakete mit Bündeln frischer Minze. An manchen Stellen in der Halbwüste hält der Bus nicht einmal, der Schaffner wirft das Bündel mit dem duftenden grünen Kraut während der Fahrt aus dem Wagen, dem wartenden Empfänger zu.
Grüner Gunpowdertee aus China ist die Grundlage des marokkanischen Minzetees. Die pulverkornartig gerollten Blätter entfalten sich nach dem Aufgießen zu beachtlicher Größe, dazu kommt ein dickes Bündel frischer grüner Minzeblätter in den Topf, und dann wird durch mehrfaches Umgießen von einer Kanne in eine andere so viel weißer Kandiszucker im Tee gelöst, wie dieser überhaupt nur aufzunehmen vermag. Je süßer der Tee, desto besser das Lokal. Als Europäer hat man große Mühe, Minzetee mit wenig oder ganz ohne Zucker zu bekommen – es geht gegen die Ehre des Wirts, der doch bestrebt ist, etwas Gutes zu bieten. Und gut heißt eben: süß.

In Europa ist Großbritannien nach wie vor das klassische Land des Tees. Von der Monarchin zur Teeparty auf dem

Rasen des Buckingham Palace eingeladen zu werden, ist eine der höchsten Ehren und Anerkennungen, die heutzutage einem schlichten, verdienten Untertanen Ihrer Majestät zuteil werden kann.
In noblen Haushaltungen und feinen Hotels ist es noch heute Brauch, beim morgendlichen Aufstehen den *early morning tea* ans Bett zu servieren.
Für weniger Begüterte erfand man die elektrische Weckuhr mit eingebauter Teemaschine: Am Abend vorher Wasser und Tee einfüllen, dann wird im Morgengrauen, beim Klingeln des Weckers, automatisch der Tee gebrüht. Wieder einschlafen darf man dabei allerdings nicht, denn das Abgießen muß der mit Teeduft Geweckte selbst besorgen.
Die englische Teekultur ist heute allerdings auch nicht mehr das, was sie einmal zu den Glanzzeiten des Empire war. Selbst in allerbesten Hotels, wie dem berühmten Dorchester am Londoner Hyde Park, benutzt man Teebeutel für die Teebereitung. Allerdings handelt es sich dabei um echte Jumbo-Säcke, und auch die Teekanne, die zum Frühstück serviert wird, hat imperiales Format.
Isabella Beeton, die Mrs. Beeton, deren 1700-Seiten-Wälzer »Household Management« obligatorisch zur Mitgift britischer Bräute gehört, schreibt: »Tee ist das beliebteste nichtalkoholische Getränk und wird heute fast als Lebensnotwendigkeit betrachtet.« Sie schrieb den Satz im vorigen Jahrhundert, aber er hat noch heute unverändert Gültigkeit in England.
Vom berühmten britischen *high tea* heißt es bei Mrs. Beeton, er sei »in manchen Häusern eine Dauereinrichtung, die an die Stelle eines späten Mittagessens tritt, und für viele ist es eine höchst erfreuliche Mahlzeit, die von jungen Leuten dem Mittagessen vorgezogen wird, zumal es sich um ein bewegliches Fest handelt, an dem man zu Zeiten teilnehmen kann, die nicht mit Tennis, Kahnfahren oder anderem Zeitvertreib in Konflikt geraten.«

Zum High Tea werden gewöhnlich »ein oder zwei kleine warme Gerichte« gereicht, dazu eingemachtes Fleisch oder Fisch aus der Konserve, verschiedene Kuchen und manchmal frische kalte Obsttorten mit Sahne oder einer Creme sowie frische Früchte. Jedoch kann »jede Art von Hauptgericht« das Angebot ergänzen, so daß das Teemahl viel üppiger ausfällt. Im Sommer dagegen ist es nicht ungewöhnlich, ausschließlich kalte Speisen zu servieren.
Beim *family tea* dagegen, der häuslichen Alltagsveranstaltung, gibt es zum Tee nicht nur Butterbrote, sondern auch Kuchen, Marmelade, Sardinen, eingemachtes Fleisch und Buttertoast. Im Sommer seien außerdem Brunnenkresse und Radieschen nette Begleiter.
Der Zeitplan für die Teestunde wechselt von Familie zu Familie und richtet sich nach dem vorangegangenen Mittagessen und dem nachfolgenden Abendessen. Sofern dieses leicht ausfällt und nur aus einem Gläschen Wein und einem Stück Kuchen oder einem Käsebrot und einem Bier besteht, ist 6 oder 7 Uhr keine zu späte Stunde. Dann allerdings sollte man zum Tee außer dem üblichen Brot, Butter und Kuchen noch einige pikante Häppchen oder Eierspeisen reichen; soll dagegen ein substantielleres Abendessen folgen, kann die Teemahlzeit leichter ausfallen und schon um 5 Uhr oder noch früher stattfinden.
Der Engländer trinkt seinen Tee mit Milch oder Sahne und Zucker. Für manchen Briten ist es eine Glaubensfrage, zuerst die Milch in die Tasse zu tun und sie mit dem Tee aufzugießen. Wie auch immer: So spart man sich das Umrühren – sofern man auf Zucker verzichtet.
Die Zugabe von Tee und Zucker bedingt, daß man in England kräftige Mischungen mit dunklem Aufguß bevorzugt. Die feinen Aromasorten sind weniger gefragt, weil deren Nuancen durch Milch und Zucker ohnehin überdeckt würden.
Die feine englische Art des Teetrinkens ließ die Silber-

schmiede auf der Insel das klassische Teeservice kreieren: Teekanne, Stövchen, Zuckerdose und Milchkännchen auf einem Tablett, in seiner edelsten Ausführung aus Sterlingsilber, die Kannengriffe aus Ebenholz oder Elfenbein. Für exklusive alte Stücke werden heute Phantasiepreise verlangt, und selbst die eher überladenen Teesets aus der Zeit von Königin Viktoria müssen teuer bezahlt werden. Wer meint, ein echt silbernes Teeservice haben zu müssen, sollte sich in den Silver Vaults, den Tresorkellern der Silberantiquitäten-Händler in der Londoner Chancery Lane, umsehen. Von dort holen auch die deutschen Händler ihren Nachschub, und die Preisdifferenz zum hiesigen Niveau macht allemal mehr aus als die Reisekosten an die Themse.
Die Silbergeräte bilden eine Ausnahme von der Regel, nach der man Tee niemals in einem Metallgefäß aufbrühen soll: Die Kannen sind innen vergoldet, und dieses Edelmetall verhält sich dem Tee gegenüber absolut neutral.
Wer britisches Traditionsdesign schätzt, aber für Sterling nicht über das nötige Kleingeld verfügt, ist auch mit Sheffield Plate, schwer versilberter Ware, gut bedient.

Das deutsche Teerevier: Ostfriesland

Die harten Teetrinker der deutschen Nation sind im äußersten Nordwesten der Republik zu Hause, in Ostfriesland, ein eigenständiges Völkchen, das sich von fernab sitzenden Herrschern niemals unterkriegen ließ. Vor allem, wenn es um ihren geliebten Tee geht, verstehen die Ostfriesen keinen Spaß. Die holländischen Nachbarn waren es, die den Tee im 17. Jahrhundert nach Ostfriesland brachten. Erst war er, wie es einer solchen Neuheit zukommt, aufgrund seines Preises den höheren Ständen vorbehalten. Wahrscheinlich lag es am schlechten, moorigen Wasser, daß der Tee innerhalb eines Jahrhunderts zum ostfriesischen Nationalgetränk avancieren konnte – man konnte es ohnehin nur abgekocht trinken, und starker Tee, wie ihn die Ostfriesen noch heute bevorzugen, konnte den Geschmack erträglich machen.

Als es dem Alten Fritz im fernen Potsdam nicht paßte, daß, nachdem seine eigene »Asiatische Compagnie in Emden nach Canton und China« gescheitert war, seine ostfriesischen Untertanen dennoch viel Geld für die Einfuhr von Tee aus dem Ausland ausgaben und er ihnen daher nahelegte, doch lieber in der Heimat gebrautes Bier oder heißes Wasser mit Milch zu trinken, schrieben die ostfriesischen Landstände dem König am 17. Mai 1779: »Der Gebrauch des Thees und Caffe ist hierzulande so allgemein und so tief eingewurzelt, daß die Natur des Menschen schon durch eine schöpferische Kraft müßte umgekehrt werden, wenn sie diesen Getränken auf einmal gute Nacht sagen sollte«. Die schöpferische Kraft, die Natur seiner Ostfriesen umzukehren, besaß Friedrich II. jedenfalls nicht; sie tranken weiter mit Begeisterung Tee.

Als nächster störte der Franzosenkaiser Napoleon I. die Teeversorgung, nachdem er Ostfriesland erobert und annektiert hatte, indem er durch die ›Kontinentalsperre‹ zur Aushungerung Englands jeden Verkehr mit den Britischen Inseln verbot. Die Engländer aber ließen sich nicht aushungern, und die wackeren Ostfriesen segelten mit ihren kleinen Schiffen zur Insel Helgoland, die damals britisch war, um von dort den Tee in die Heimat zu schmuggeln. Das war ein gewinnbringendes, ein patriotisches, aber auch gefährliches Geschäft: Die französischen Besatzer werteten jeglichen Kontakt zum britischen Feind als Hochverrat. Auf ertappte Teeschmuggler wartete die Guillotine.

Nach der Befreiung von den Franzosen konnte in Ostfriesland der Tee wieder ungehindert seine »sänftigende und mildernde Einwirkung auf das Familienleben« entfalten, wie es im vergangenen Jahrhundert der Historiker Onno Klopp formulierte.

Wie die Ostfriesen mit Begeisterung den Tee annahmen, so entwickelten sie bald eine eigene Teekultur. Schon im 17. und 18. Jahrhundert importierten sie Teekannen und -tassen aus chinesischem Porzellan – wer es sich leisten konnte, mit eigenem Monogramm oder Wappen. Die Kapitäne der Segler nahmen die Entwürfe mit nach Kanton, gaben das Service in Auftrag und brachten es dann bei der nächsten Reise mit zurück. Zwischen Bestellung und Lieferung vergingen auf diese Weise mindestens 2 Jahre.

Heute ist das »Ostfriesen-Service« ein Begriff für sich: zierliche Tassen aus schneeweißem, durchschimmerndem ge-

ripptem Porzellan mit einem handgemalten Bauernrosenmotiv, dazu Kanne, Zuckerdose, Sahnekännchen und Stövchen aus dem gleichen Material.
In schwere Teenot gerieten die Ostfriesen erst wieder 1939 bei Ausbruch des Zweiten Weltkriegs. Tee und Kaffee wurden allgemein als »entbehrliche Genußmittel« eingestuft, die nur fallweise als Sonderration zugeteilt wurden. Daß Tee aber für das Völkchen hinter den Nordseedeichen lebensnotwendig war, sahen sogar die braunen Machthaber ein: Für Ostfriesland und Teile des angrenzenden Emslandes und Oldenburgs – amtlich als »Ostfriesischer Teetrinkerbezirk« eingestuft – gab es eine besondere »Teekarte« mit einer regelmäßigen Zuteilung von 20 Gramm pro Monat. Später wurde diese Menge für Personen über 35 Jahre verdoppelt, kurz darauf wieder auf 30 Gramm gesenkt.
Der Sumpf des zwangsläufig entstehenden schwarzen Marktes trieb seltsame Blüten: Nicht selten mußte ein Käufer feststellen, daß der teuer bezahlte Tee aus Blättern bestand, die schon einmal aufgebrüht, dann wieder getrocknet und sorgsam neu verpackt worden waren. Den unter Entzug Leidenden blieb dann nur noch der Griff zu synthetischen Teetabletten oder zu Aufgüssen heimischer Kräuter und Blätter.
Richtig in Ordnung war die Welt für die Ostfriesen erst wieder 1953, als die Teesteuer auf den noch heute gültigen Satz gesenkt wurde und damit das Nationalgetränk wieder für jedermann erschwinglich war.
Geordnete Verhältnisse bedeuten für einen aufrechten Ostfriesen mindestens 12 Tassen Tee pro Tag. 4 Teepausen täglich sind obligatorisch, und »Dreemal is Ostfreesenrecht«. Nicht nur Recht, sondern auch Pflicht: Ebenso wie der ein schlechter Gastgeber ist, der vom Tee nicht mindestens 3 Tassen nachdrücklich offeriert, so ist auch von einem Menschen nicht viel zu halten, der, eingeladen, nicht wenigstens die obligatorischen 3 Tassen trinkt.

Ebenso wie die japanische, so hat auch die ostfriesische Teezeremonie ihre strengen – wenn auch nicht annähernd so komplizierten – Gesetze: Nachdem der Tee bereitet wurde, gibt man ein großes Stück weißen Kandiszucker (auf ostfriesisch: ein »Kluntje«) in die Tasse und gießt darüber den Tee. Der Kluntje darf ruhig, wie ein Eisberg, mit der Spitze aus dem Tee herausragen. Das Knistern des im heißen Tee zerspringenden Kandiszuckers ist Musik in den Ohren eines Ostfriesen. Mit einem flachen Löffel wird sodann frische Sahne (»Room«) sachte darübergelegt. Sie versinkt und bildet, während sie sich mit dem Tee vermischt, Wölkchen (»Wulkje«). Als rechter Barbar entlarvt sich der, der dieses feinsinnige Kunstwerk durch grobes Umrühren zerstört. Der Ostfriese schlürft sich langsam durch die Schichten hindurch: zuoberst der reine, herbe Tee, dann die Mittellage, wo die Herbheit durch die Sahne gemildert ist, schließlich, zuunterst, die Partie, die durch den langsam sich lösenden Zucker von süßer Schwere ist. Ist die Tasse leer, gießt man neuen Tee auf den Rest vom Kluntje und gibt mit dem Sahnelöffel ein neues Wulkje dazu.

Hat man mit einem ordentlich großen Kluntje begonnen, dann bleibt es sicher nicht bei den 3 Recht-und-Pflicht-Tassen (»Koppkes«).

Übrigens: Obwohl die Ostfriesen in ihrem Tee nicht rühren, decken sie dennoch zur Koppke-Zeremonie auch Teelöffel auf. Wenn der Teedurst (fürs erste) gestillt ist, stellt man den Löffel in die Tasse. Das ist für den Gastgeber das Zeichen, nicht mehr nachzuschenken. Unkundige Fremde sollen zuweilen erst nach 30 oder mehr Tassen auf andere Weise ihre Aufgabe signalisiert haben.

Gefahr drohte ihnen dabei freilich nicht. An zuviel Tee ist noch keiner gestorben. Dagegen sind die Ostfriesen der Überzeugung: »Wenn wi keen Tee hebben, mutten si starben.«

Wie kommt der Tee zu uns?

Für den Tee ist der Hafen von Hamburg nach wie vor das wichtigste Tor zum kontinentalen Westeuropa. Die hier ansässigen Importfirmen, die ihre Vorräte unverzollt im Freihafen lagern, bedienen nicht nur den bundesdeutschen Markt, sondern auch die Binnenländer, wie die Schweiz und Österreich.

Zwar werden noch immer in den eindrucksvollen roten Backsteinbauten der Speicherstadt längs des Zollkanals die Teekisten gestapelt. Der vom Konkurrenzdruck diktierte Zwang zur Rationalisierung aber hat auch vor dem Teehandel nicht haltgemacht, und so wird heute der größte Teil des in der Bundesrepublik Deutschland und ihren Nachbarländern verbrauchten Tees in nüchternen modernen Schuppen gelagert, wo er von den Schiffen in Containern angeliefert und in den Hallen palettenweise vom Gabelstapler zwischengelagert und bewegt werden kann. Tee ist ja ein Produkt, das durch Lagern nicht besser wird, auch nicht unter günstigen Bedingungen. Darum kommt der beschleunigte Umschlag sowohl im Preis wie auch in der Güte des Tees dem Verbraucher zugute. Je höher allerdings die Qualität eines Tees ursprünglich ist, um so länger ist dieser ohne merklichen Qualitätsverlust haltbar.

Gut die Hälfte des bei uns getrunkenen Tees wird aus den

praktischen und zeitsparenden Aufgußbeuteln gebrüht, den größeren Rest wiederum machen Marken- und Handelsmischungen aus. Auf Blattees mit Herkunfts- und Qualitätsangabe auf der Packung entfallen gerade mal 5 Prozent der Gesamtmenge.

Auch wenn der Fortschritt vieles im Teehandel verändert hat: Der Mensch spielt noch immer die wichtigste Rolle. Vor allem auf einen kommt es dabei an, auf den *Teataster,* den professionellen Teeverkoster. Das ist kein anerkannter Lehrberuf, und die entsprechenden Stellen werden niemals beim Arbeitsamt oder in der Zeitung ausgeschrieben – dennoch ist der Teataster ein hochqualifizierter und entsprechend bezahlter Spezialist, dessen Bedeutung für den Tee ähnlich hoch einzuschätzen ist wie die eines Kellermeisters für den Wein oder eines Braumeisters für unser Bier. Von seinem Können, von der Empfindlichkeit und dem Unterscheidungsvermögen seiner Geschmackspapillen hängt letztlich der Erfolg einer Teefirma ab.

Verkostet wird der Tee vor dem Ankauf, nach dem Eintreffen der Sendung und schließlich zum letztenmal nach der Zusammenstellung der Mischung.

Der Teataster einer Importfirma, wie etwa der Hamburger Rainer Schmidt, verkostet pro Tag bis zu 400 verschiedene Teeproben.

Die Muster der angebotenen Sorten kommen aus Übersee, sei es direkt von Teegärten, von den Auktionen oder Verschiffern.

Das Muster wird auf einem Stück weißen Karton ausgebreitet, daneben stehen ein Topf und eine Tasse aus weißem Porzellan. Von jedem Muster werden mit einer Apothekerwaage 2,83 Gramm abgewogen – als Gewichtsstein dient dabei traditionsgemäß ein altes britisches Sixpencestück. Die Menge entspricht einem schwach gehäuften Teelöffel. Diese Teeportion kommt in den Topf.

Frisches kaltes Wasser wird zum Kochen gebracht und nach

kurzem Aufsprudeln auf den Tee gegossen. Der Topf wird zugedeckt, und nach exakt 5 Minuten Ziehzeit (sie wird mit der Stoppuhr kontrolliert) wird der Tee in die Tasse »abgegossen«; die aufgequollenen Blätter bleiben im Topf.
Der Taster begutachtet zunächst das auf dem weißen Karton liegende Blatt mit Auge und Nase, dann die Blattrückstände im Topf, Farbe und Duft des Aufgusses in der Tasse. Mit einem Probelöffel nimmt er dann einen genau bemessenen Schluck aus der Tasse, zieht den Tee durch kräftiges Schlürfen mehrfach durch den Mund, wobei das Getränk mit Sauerstoff vermischt wird und mit allen Geschmackspapillen in Berührung kommt, die hauptsächlich im hinteren Bereich der Zunge angesiedelt sind. Nachdem der Taster den Geschmackseindruck gewonnen hat, spuckt er die Probe in einen bereitstehenden Napf, diktiert sein knapp formuliertes Urteil und wendet sich der nächsten Probe zu, die in einer langen Reihe wartet. Der Probiervorgang selbst dauert nur 10–15 Sekunden.
Anhand des Urteils des Teatasters bei der Vorausprobe entscheidet der Importeur über den Ankauf eines »Lots«, einer Partie Tee der verkosteten Qualität. Sie umfaßt meist eine Tonne, bei Spitzentees aber auch kleinere Mengen.
Handelte es sich um Muster eines Tees, der für eine Auktion bestimmt ist, zum Beispiel im indischen Kalkutta oder in Colombo, der Hauptstadt Sri Lankas, dann übermittelt man einem dort ansässigen Broker oder Agenten ein entsprechendes Angebot.
Diese Auktionen aber haben in den letzten Jahren an Bedeutung verloren, während der Direktkauf vom Teegarten durch den europäischen Importeur immer wichtiger geworden ist. China, das seinen Tee ausschließlich durch eine staatliche Handelsorganisation anbietet, hat seine Qualitäten standardisiert, d. h., man stellt selber Mischungen her, die unabhängig von natürlich bedingten Schwankungen eine gleichbleibende Qualität garantieren sollen.

Bedeutend ist die Arbeit des Teatasters vor allem für die Marken- und Handelsmischungen, die in Aufgußbeuteln, in den typischen Dosen oder in Folienpackungen vertrieben werden. Hier gilt es, dem Käufer stets den gleichen, vertrauten Geschmack zu bieten und dabei den Preis möglichst lange stabil zu halten. Rainer Schmidt: »Sind vielleicht einmal die Uvatees aus Ceylon nicht so gut und gehaltvoll, kann man diese teilweise durch Einkäufe in Nilgiri ausgleichen. Medium Assams werden häufig durch gleichbleibende Sumatratees ersetzt, und zeitweilig kann man auch den einen oder anderen Darjeeling mit einem guten, hochwertigen Chinatee verschneiden, um das entsprechende Aroma zu erhalten.«
Für den bundesdeutschen Teehandel hat Ostfriesland sein besonderes Gewicht: Ein Viertel des verkauften Tees wandert in die Kannen der Ostfriesen. Um diese wichtigen Kunden optimal bedienen zu können, lassen sich manche Hamburger Teefirmen für ihre Proben eigens frisches Leitungswasser aus Leer, Emden und Norden kommen.

Die typische *Ostfriesenmischung* besteht heute aus Assamtee guter Qualität, aromatisch, rötlichbraun im Aufguß, und Sumatrasorten, die als den Geschmack wenig beeinflussende Preisbremsen zugesetzt werden. Früher, als Indonesien noch zu Holland gehörte und sich die Ostfriesen beim westlichen Nachbarn mit Tee versorgten, wurden für die Ostfriesenmischung ausschließlich Sumatratees verwendet, dann, nach der Unabhängigkeit des Inselreiches, wich man auf Assamtee aus, weil die Teequalität aus Indonesien nach der Revolution gewaltig gesunken war. Heute hat man dort wieder einen annehmbaren Standard erreicht.
Die auch bei uns beliebte *Englische Mischung* bestand bis zur Mitte der siebziger Jahre fast ausschließlich aus Ceylontees; heute dagegen werden Ceylonqualitäten mit Tees aus Indien, Indonesien und auch Kenia verschnitten, um den

für diese Sorte typischen, frischen und aromatischen Aufguß zu bekommen.
Earl Grey, benannt nach Charles Grey, der zu Beginn des vorigen Jahrhunderts Erster Lord der Admiralität und Außenminister war, ist im Sinne des Erfinders eine hochkomplizierte, subtile Komposition unterschiedlicher Sorten aus China, Indien und Sri Lanka. Auch grüne Tees und Rauchtee spielen dabei eine Rolle, schließlich wird das Ganze mit Bergamotteöl (aus der Bergamotte, einer blaßschaligen, kleinen Pomeranzenart, gewonnen) aromatisiert. Wer einen wirklichen Earl Grey genießen möchte, sollte zur besten Sorte eines renommierten Teehauses greifen, denn gerade hier wird viel gesündigt. Eine überreichliche Dosis Bergamotteöl nämlich macht noch keinen Earl-Grey-Tee mit seinen vielen subtilen Geschmacksnuancen.

Nach dem Eintreffen der Teepartien in Hamburg werden von jedem Lot sofort noch einmal Muster verkostet und mit den Vorausmustern verglichen. Das Ergebnis dieser Gegenprobe bildet bei unbefriedigendem Ergebnis die Grundlage für eine Reklamation beim Lieferanten wegen nicht übereinstimmender Qualität oder bei der Reederei, falls die Ware beim Transport gelitten haben sollte.
Für Deutschlands Teeimporteure jedenfalls steht die Qualität obenan. Nicht umsonst ist Tee in den letzten Jahren bei uns immer beliebter geworden. Handel und Verbraucher sind bereit, lieber einen höheren Preis als eine geringere Qualität zu akzeptieren.
Berechtigte Unruhe löste bei den Teefreunden eine Untersuchung der Zeitschrift »Natur« im Dezember 1984 aus. Die Redaktion hatte eine Reihe in Deutschland gängiger Teesorten auf Rückstände von Insektiziden untersuchen lassen. In allen Proben wurden Rückstände von halogenierten Kohlenwasserstoffen, d. h. Spuren der Pflanzenschutzmittel Lindan, DDT und Dieldrin sowie der Lindan-Be-

gleitstoffe Alpha- und Beta-Hexachlorcyclohexan (HCH) und auch von Hexachlorbenzol (HCB) gefunden, das von bestimmten Schimmelpilzen aus HCH gebildet werden kann. Bei 2 Proben lag der gemessene Anteil an HCH über dem gesetzlich zulässigen Höchstwert von 200 Millionstel Gramm pro Kilogramm Teeblätter für diesen Stoff.

Diese Untersuchung deckte eine Problematik auf: Die Teegärten sind als ausgedehnte Monokulturen (d. h. Landwirtschaft, die nur eine Pflanzenart anbaut) in höherem Maße als Gebiete mit gemischtem Anbau anfällig für tierische Schädlinge und Pflanzenkrankheiten. Für die Erzeugerländer ist der Tee-Export eine wichtige oder sogar die wichtigste Einnahmequelle überhaupt. Eine Bedrohung der Teekulturen ist zugleich eine ernstliche Bedrohung für die Volkswirtschaft eines solchen Entwicklungslandes. Also muß man die Teegärten um jeden Preis vor Schädlingen schützen.

Die verwendeten und im Tee nachgewiesenen Gifte sind zum Teil in der Bundesrepublik Deutschland seit vielen Jahren verboten, werden aber von hiesigen Chemiefirmen für den Export oder in ausländischen Zweigwerken produziert.

Nun ist die Situation in keinem Falle so bedrohlich, daß dem Teefreund vor Schreck die Tasse aus der Hand fallen muß – auch wenn er ein starker Teetrinker ist. Andererseits sollte man die Ergebnisse auch nicht sorglos beiseitelegen, zumal sich einige der nachgewiesenen Stoffe auch in anderen Lebensmitteln, wie Obst, Gemüse, Fleisch und Milch, befinden und diese Substanzen überdies die unangenehme Eigenschaft haben, sich in unserem Körperfett zu speichern und anzureichern.

Aus den Ergebnissen der Untersuchung, die das Bremer Umweltinstitut im Auftrag der Zeitschrift durchführte, läßt sich jedenfalls ein Trend herauslesen: Am geringsten waren durchschnittliche Tees aus Sri Lanka und aus der Türkei belastet, am höchsten die Sorten aus China und der Sowjetunion. Der Teefreund tut gut daran, sich an die gering belasteten Teesorten zu halten. Überdies geht beim Aufbrühen des Tees nur etwa die Hälfte der vorhandenen Pestizidrückstände in Lösung, findet sich also in der Teekanne wieder.

Durch seine Kaufentscheidung hat es der Teefreund in der Hand, auf den Teehandel und die Importeure einzuwirken, sauber und gewissenhaft arbeitende Teepflanzer zu bevorzugen und die, die sorglos mit Gift umgehen, zu umwelt- und verbraucherfreundlicherem Verhalten zu erziehen.

Teekauf und Zubereitung

Auch der feinste und teuerste Tee ergibt nur bei liebevoller und sachkundiger Behandlung ein Ergebnis, das die Erwartungen des Teefreundes erfüllt.
Die richtige Teezubereitung erfordert ein bißchen Zeit, um ein paar Handgriffe und Verrichtungen durchzuführen. Natürlich ist es bei weitem nicht die japanische Teezeremonie. Aber die Zeit, die sich der Teefreund für die Zubereitung seines Getränks nimmt, ist stets eine besinnliche Pause, eine Einstimmung auf den kommenden Genuß.

An Zutaten braucht man: Tee und Wasser.
Als Teenovize, der man ist, wenn einem die goldenen Regeln des Tees noch nicht in Fleisch und Blut übergegangen sind, muß man zunächst einmal seine Teesorte finden. Das können auch mehrere sein: eine für den Morgen und eine für den Abend, eine für den Alltag und eine besondere für festliche Anlässe.
Am besten sucht man ein spezielles Teegeschäft auf. Mittlerweile gibt es solche von Teefreunden geführte Läden auch in kleineren Städten. Oder man wählt aus dem umfangreichen Angebot eines Versenders. Dort wie im Teegeschäft kann man sich ein Sortimentspaket zusammenstellen lassen, um seinen Tee ohne große Investitionen herauszu-

schmecken. Ähnlich wie bei anderen Genüssen, etwa dem Wein, empfiehlt es sich, zunächst mit den einfachen Sorten zu beginnen, daran den Geschmackssinn zu schulen, um danach um so besser die feinen Nuancen der großen Teegewächse würdigen zu können.
Kräftige Standardsorten, wie der Ostfriesentee oder die typische Englische Mischung, vertragen sich mit Zucker und Milch oder Sahne, ein Darjeeling-Hochgewächs aber muß man pur trinken, um seine Feinheiten zu erschmecken.
Eine besondere Gruppe stellen die *Aromatees* dar. Das ist normaler Schwarztee einer kräftigen Standardmischung, der mit aromatisierenden Essenzen besprüht ist. Dabei handelt es sich in jedem Falle um natürliche Aromastoffe, die dem Lebensmittelgesetz entsprechen.
Die Geschmackspalette der Aromatees ist breit gefächert: Vom Apfel bis zur Zitrone ist so ziemlich jede einheimische und exotische Frucht vertreten, es gibt Kokosnuß- und Kiwitee, Rumtee und Whiskytee, Schoko-Minze-Tee, ja, es soll sogar Tee mit Kaffeearoma geben.
Mitte der siebziger Jahre erlebten die Aromatees einen regelrechten Boom. Vor allem junge Leute luden ihre Freunde zur Teeprobe ein, um mindestens ein Dutzend verschiedener Aromatees zu verkosten.
Diese Spezialtees bieten die anregende bzw. beruhigende Wirkung von Koffein und Gerbstoff; ein Tee-Geschmackserlebnis bieten sie nicht. In den meisten Fällen ist das zugesetzte Aroma so dominierend, daß vom Eigengeschmack des Tees, so er jemals vorhanden war, nichts mehr zu schmecken ist. So könnte man, anstatt beispielsweise Himbeertee zu trinken, ein Himbeerbonbon lutschen und den Tee im Mund darüberlaufen lassen oder das Zuckerl gleich im Tee auflösen. Aromatee ist der Tee für den ahnungslosen Einsteiger. Er wird später zu unverfälschtem Tee übergehen oder sich ganz anderen Getränken zuwenden.
Eine Ausnahme bilden lediglich die traditionellen Aroma-

sorten, etwa *Jasmintee* oder *Lotosblütentee* aus China, der mit Blütenblättern der jeweiligen Pflanzen versetzt ist. Schon durch das unterschiedliche Verfahren der Aromatisierung fällt die Geschmacks- und Duftveränderung sehr viel dezenter aus und läßt das Teearoma noch zu seinem Recht kommen. Das gilt auch für die Sorte Earl Grey. Beim klassischen Earl Grey ist der Bergamottegeschmack stets dienend, niemals dominierend.

Wasser ist ein Grundstoff allen Lebens. Leider können heute nur noch sehr wenige Menschen ihr Teewasser aus einer klar sprudelnden Bergquelle zapfen. Trinkwasser enthält Mineralstoffe, die für den Menschen lebenswichtig sind, zum Beispiel Magnesiumhydrogenkarbonat und Kalziumhydrogenkarbonat (schlicht: Kalk). Leider enthält das Wasser, das bei uns aus dem Wasserhahn fließt, außerdem eine ganze Menge Stoffe, die für uns ungesund sind, Rückstände von Chemikalien aus Industrie und Landwirtschaft, die über Grundwasser und Flüsse in unsere Wasserversorgung geraten. Wenn man in einer Altbauwohnung lebt, die noch mit Wasserleitungen aus Blei ausgestattet ist, kann der Bleigehalt des Trinkwassers den für unbedenklich gehaltenen Wert in ungünstigen Fällen um das Zehnfache übertreffen! Manchmal hilft es, das Wasser länger laufen zu lassen. Es hat dann nicht in den Hausleitungen gestanden und keine Gelegenheit gehabt, sich mit Blei anzureichern.

Hartes, kalkhaltiges Wasser ist nicht ungesund. Aber Kalk hemmt die Entfaltung des Teearomas beim Aufguß. Die handelsüblichen Wasserfilter, die aus einem Filtertrichter mit Patroneneinsatz und zugehörigem Krug bestehen, können tatsächlich den Blei- und Kalkgehalt von Leitungswasser entscheidend verringern, wie eine von der Zeitschrift »Öko-Test« beim Bremer Umweltinstitut in Auftrag gegebene Untersuchung ergab. Weil aber andere gesundheitsschädliche Stoffe durch die Filtermasse nicht verringert werden, sind die Filter ihr Geld nicht wert.

Wenn Sie also mit dem Wasser, das aus Ihrer Leitung fließt, nicht zufrieden sind, sollten Sie Ihren Tee lieber mit Quellwasser aus Flaschen aufbrühen, dem Geschmack und der Gesundheit zuliebe.

Die Teegeräte: Wasserkessel und Teekanne, Sieb oder Filter.
Daß der Topf oder der Kessel, in dem man Teewasser kocht, nur zum Wasserkochen benutzt wird, versteht sich eigentlich von selbst.
Und ebenso wird in der Teekanne ausschließlich Tee zubereitet. Ton, Keramik und Porzellan sind die klassischen Materialien für Teekannen. Die älteste heute noch gebräuchliche Kannenform ist die chinesische Kanne aus unglasiertem Ihsington; sie hat einen Bambusgriff und einen Siebeinsatz, der ebenfalls aus Ton gefertigt ist.
Kannen in ähnlicher Form gibt es auch aus Keramik, Porzellan oder Glas. Der große Vorteil dieser Konstruktion liegt im Siebeinsatz, mit dem sich die Teeblätter nach der gewünschten Ziehzeit problemlos aus dem Aufguß entfernen lassen. So braucht man keine zweite Kanne. Der Siebeinsatz ist geräumig genug, so daß die Teeblätter beim Quellen genug Platz haben, um sich zu entfalten und dabei ihre Inhaltsstoffe ans heiße Wasser abzugeben.
Ihsington ist besonders fein und glatt, er braucht nicht glasiert zu werden. Aus diesem Material werden nicht nur Kannen, sondern auch die klassischen Trinkschalen und, als Konzession an westliche Bräuche, Tassen mit Henkel und Deckelbecher sowie passende Stövchen gefertigt.
Weil Ton porös ist, dürfen diese Geräte stets nur mit klarem Wasser, niemals mit Spülmittellauge, gereinigt werden. Auch Aromatee sollte man nicht in Tonkannen aufbrühen, es sei denn, man bleibt bei einer einzigen Sorte.
Neben den Siebeinsätzen aus Ton, Keramik oder Glas gibt

es noch andere Möglichkeiten, ohne Umgießen in eine andere Kanne die ausgedienten Blätter aus dem Tee zu entfernen:
Filtertüten, die an einem Halter eingeklemmt und in die Kanne gehängt werden. Sie bestehen aus feinem, ge-

schmacksneutralem Filterpapier und bieten dem Tee genügend Raum zur Entfaltung. Statt der Klemmhalter aus Kunststoff lassen sie sich auch in Verbindung mit einer kleinen Klammer mit Kettchen verwenden.

Für Sparsame, die es reut, jedesmal mit dem Teesatz einen Filterbeutel wegzuwerfen, gibt es *strumpfartige Filter* aus Baumwollgewebe. Sie funktionieren ebenso gut und sind ohne weiteres zu empfehlen, wenn einen der Anblick der in der Küche zum Trocknen aufgehängten, vom Tee braungefärbten Strümpfe nicht stört. Auch hier gilt die Einschränkung in bezug auf Aromatee.

Tee-Eier bieten den Teeblättern zu wenig Freiraum zur Entfaltung. Ihr Volumen reicht im besten Falle aus, um eine einzelne Tasse mit einem Löffelchen Tee aufzubrühen.

Ein alter Lehrsatz lautet: Tee darf nie mit Metall in Berührung kommen. Die Engländer aber schwören auf ihre Silberkannen, die Russen und Perser auf den Samowar. Natürlich scheiden für Teegeräte Kupfer, Messing, Eisen, Blei, Zink und ihre Legierungen aus. Messingsamoware aber sind innen verzinnt oder versilbert, zudem bildet sich dort bald eine schützende Kalkschicht. Auch ist vernünftigerweise gegen emaillierte Gefäße und solche aus rostfreiem Stahl nichts einzuwenden; diese Materialien reagieren nicht mit den Gerbsäuren des Tees.

Sie haben also Teegerät, Tee und Wasser. Für Teefreunde der strengen Observanz, die ihren Trank nur pur genießen, ist dies genug.

Wenn Sie süßen wollen oder müssen: weißer Kristallzukker, weißer Kandis und künstlicher Süßstoff sind geschmacksneutral. Brauner Kandis hat einen Karamelgeschmack, brauner Rohzucker einen typischen Eigengeschmack. Honig ist sicher ein gesundes Naturprodukt, aber nicht jeder Honig harmoniert geschmacklich mit jedem Tee; außerdem wird ein Teil der gesunden Stoffe des Ho-

nigs durch Mischen mit heißem Tee zerstört. Also ist es besser, den Honig aufs Brot zu streichen.
Viele Teesorten harmonieren gut mit frischer Milch und Sahne. Die durch Ultrahocherhitzung haltbar gemachten Produkte haben einen unangenehmen Beigeschmack, außerdem zerstört die konservierende Hitze auch einige der unsere Gesundheit fördernden Bestandteile der Milch oder Sahne.
Zitronensaft bleicht den Teeaufguß und macht Aromastoffe des Tees unwirksam. Statt Teegeschmack erhält man Zitronenaroma.
Nun aber zur Teebereitung und ihren *5 goldenen Regeln:*

1. Wärmen Sie die Kanne vor (am besten durch Ausspülen mit heißem Wasser).
2. Geben Sie für jede (große) Tasse einen Teelöffel Tee in die Kanne – bei Blattee einen gehäuften, bei Broken-Tee einen gestrichenen. Briten und Ostfriesen spendieren der Kanne noch einen Extralöffel: »One more for the pot.«
3. Bringen Sie frisches, kaltes Wasser zum sprudelnden Kochen. Niemals heißes Wasser aus der Leitung verwenden. Ist Ihr Wasser kein Bergquellwasser, sondern hartes gechlortes Großstadtwasser, darf es 2–3 Minuten kochen. Kalk schlägt sich als Kesselstein im Topf nieder, Chlor verflüchtigt sich im Dampf.
4. Gießen Sie das Wasser in einem Zug auf die in der vorgewärmten Kanne wartenden Teeblätter.
5. Lassen Sie den Aufguß in der zugedeckten Kanne 3–5 Minuten ziehen, und gießen Sie dann den Tee in eine andere, vorgewärmte Kanne um, oder entfernen Sie den Sieb- bzw. Filtereinsatz.

Die Dauer der Ziehzeit hat, wie schon erwähnt, einen entscheidenden Einfluß auf Geschmack und Wirkung des

Tees: In den ersten 2 Minuten geht das anregende Tein bzw. Koffein in Lösung, ab der 3. Minute die beruhigenden Gerbstoffe. Für einen anregenden Trank nimmt man etwas mehr Tee und läßt ihn nur kurz ziehen, für einen beruhigenden abendlichen Schlummertrunk läßt man eine geringere Menge Tee länger ziehen. Länger als 5 Minuten aber sollte Tee niemals auf den Blättern stehen. Dann nämlich lösen sich Bitterstoffe, die dem Trinker den Genuß vergällen.
Seit neuestem gibt es sogar eine Teemaschine, die Tee automatisch aufbrüht und dabei die 5 goldenen Regeln der klassischen Zubereitung einhält. Man braucht nur Wasser und die entsprechende Menge Tee einzufüllen und auf den Knopf zu drücken. Der Apparat bringt das Wasser zum Kochen, läßt es dann in ein anderes Gefäß auf den Tee fließen. Nach Ablauf der zuvor eingestellten Ziehzeit, deren genaue Einhaltung eine eingebaute elektronische Uhr verbürgt, fließt der Tee in die vorgewärmte Servierkanne, der Satz bleibt zurück. Der Tee in der Servierkanne wird von einer Wärmeplatte auf Idealtemperatur gehalten.
Das anheimelnde Ritual der Zubereitung verliert seine besinnlich-romantische Komponente, andererseits ermöglicht das Gerät dem Teefreund zum Beispiel in der Eile des morgendlichen Aufbruchs den Genuß eines nach den Regeln der Kunst bereiteten Tees.
Auch für die ausgelaugten Teeblätter gibt es Verwendungsmöglichkeiten. Die nächstliegende ist natürlich der Komposthaufen. Für den, der keinen Garten hat, nennt Mrs. Beeton einige Alternativen. Etwa die feuchten Blätter auf dem Teppich verstreuen, damit sie dort losen Staub binden. Vor Erfindung des Staubsaugers gewiß einen Versuch wert – aber beschränken Sie sich bitte auf dunkle Teppiche. Teeblätter, die man mehrere Tage feucht stehenläßt, dann mit kochendem Wasser aufgießt und abseiht, ergeben eine gute Politur für Spiegel, Fenster, Gläser und poliertes Holz. Teesatz, im Fischtopf aufgekocht, beseitigt den Fischgeruch.

Rezepte für Tee, mit Tee und zum Tee

(Sofern nichts anderes angegeben ist, sind die Mengen jeweils für 4 Personen berechnet)

Englischer Frühstückstee

5 Teelöffel englische Teemischung, frische Milch, Zucker.

Dem Tee nach den goldenen Regeln mit 1 l Wasser aufbrühen, 5 Minuten ziehen lassen.
Nach Geschmack kalte Milch in die Tassen geben, mit Tee aufgießen, nach Geschmack süßen. Dazu getoastetes Weißbrot ohne Rinde, gesalzene Butter und Orangenmarmelade essen.

Ostfriesischer Tee

8 TL Ostfriesenmischung, weißer Kandiszucker (»Kluntjes«), frische Sahne.

Den Tee nach den goldenen Regeln mit 1,5 l Wasser aufbrühen und 5 Minuten ziehen lassen.

In jede Tasse ein Kluntje legen, den Tee darübergießen, mit einem Löffel Sahne obendrauflegen. Nicht umrühren, sondern »schichtweise« trinken. Auf den restlichen Kandis neuen Tee aufgießen. (Dreimal ist Ostfriesenrecht!)

Russischer Tee

Russische Teemischung, 5 TL je Liter Fassungsvermögen des Samowars, Zitronen mit unbehandelter Schale.

Das Wasser im Samowar zum Kochen bringen; den Tee in eine vorgewärmte Kanne von gleicher Größe wie die zum Samowar gehörige Essenzkanne geben; sobald das Wasser kocht, aufbrühen und 5 Minuten ziehen lassen, dann den Aufguß in die Essenzkanne abseihen, die oben auf dem Samowar warm gehalten wird.
Stilgerecht wird der Tee in Gläsern serviert, die in Henkelhaltern aus Metall stehen. Ins Glas kommt ein Drittel Essenz aus der Kanne, dazu zwei Drittel heißes Wasser aus dem Kessel; die Stärke kann nach dem Geschmack des einzelnen variiert werden. Dazu nach Belieben Zitronenscheiben und Zucker.

Marokkanischer Minzetee

5 TL Gundpowder-Tee, 4 Zweige frische Minze, Zucker.

Den Tee mit 1 l Wasser aufbrühen und 5 Minuten ziehen lassen.
Die Minzeblätter waschen, abzupfen und mit der gewünschten Menge Zucker in eine 2. Kanne geben (die Marokkaner lieben es so süß wie möglich – wer mit Zucker spart, gilt als Geizhals. Für europäische Gaumen darf's

ruhig etwas weniger sein). Auf der Minze 5 Minuten ziehen lassen, dann in Gläser einschenken und servieren.
Um den vielen Zucker zu lösen, gießen die Marokkaner den Tee häufig wieder in die 1. Kanne, aus der inzwischen die Teeblätter entfernt wurden, und wieder zurück.
Minzetee ist in Marokko der klassische Trank zum Sonnenuntergang.

Indischer Gewürztee

5 TL Assamtee, 1 Zimtstange, 1 Stückchen Muskatblüte, 2–3 Nelken, ½ l Milch, Zucker nach Geschmack.

Alle Zutaten mit ½ l Wasser kalt aufsetzen, zum Kochen bringen und bei schwacher Hitze 10 Minuten sanft sieden lassen, abseihen.

Chinesischer grüner Tee

5 TL grüner Chinatee

Den Tee in der vorgewärmten Kanne mit 1 l Wasser aufbrühen, 5 Minuten ziehen lassen, in Schalen oder Becher mit Deckel abseihen. Als Getränk zu chinesischem oder japanischem Essen.

Irish Tea

6 TL Assamtee, 16 cl (4 doppelte Schnapsgläser) Irischer Whiskey, 8 TL brauner Rohrzucker, ⅛ l Sahne.

Den Tee mit ½ l Wasser aufbrühen, 5 Minuten ziehen lassen.

Irish
Whiskey

Kelchgläser von ¼ l Inhalt mit Irischem Whiskey ausschwenken, über einer Spiritusflamme drehend erwärmen, bis der Whiskeyrest brennt. Ein doppeltes Schnapsglas Whiskey dazugeben, mit ⅛ l heißem Tee löschen, 2 Teelöffel Zucker einrühren, obendrauf mit einem Löffel vorsichtig halbgeschlagene Sahne geben, die als Haube stehenbleiben soll.
Den heißen Irish Tea durch die kühle Sahne hindurch vorsichtig schlürfen.

Flensburger Teegrog

4 TL Assamtee, 8 TL Zucker, 16 cl (4 doppelte Schnapsgläser) echter Rum (40 Vol.-%), 4 Zitronenscheiben.

Den Tee mit ½ l Wasser aufbrühen, 5 Minuten ziehen lassen und auf 4 Groggläser verteilen. Je 2 Teelöffel Zucker und 4 cl Rum mit dem gläsernen Grogstab einrühren, mit Zitronenscheibe garnieren und so heiß wie möglich trinken.

Normannentee

4 TL Tee mit Apfelaroma, 8 TL Zucker, 16 cl Calvados.

Den Tee mit ½ l Wasser aufbrühen, 4 Minuten ziehen lassen. In Tonbecher gießen, Zucker und Calvados dazu.

Teepunsch »Catania«

6 TL Assamtee, 3 sizilianische Blutorangen mit unbehandelter Schale, 1 Zimtstange, 3 Nelken, 125 g Zucker, 1 dl Grappa (Tresterbranntwein), 1 Flasche Ätna-Rotwein.

Die Orangenschale spiralenförmig dünn abschälen, in einen Topf geben, die Zimtstange und die Nelken hinzufügen, mit Zucker bestreuen und mit Grappa begießen.
Den Tee mit ½ l Wasser aufbrühen, 5 Minuten ziehen lassen und über die Orangenschalen gießen.
Den Rotwein und den Saft der ausgepreßten Orangen hinzufügen, vorsichtig erhitzen, dabei gelegentlich umrühren und in Punschgläser abseihen.

Eistee, klassisch

8 TL Assamtee, 500 g Eiswürfel, 1 Zitrone, Zucker oder Süßstoff nach Belieben.
Den Tee mit ½ l Wasser aufbrühen und 3 Minuten ziehen lassen.
In einen Krug auf die Eiswürfel schütten und mit Zitronensaft und Zucker oder Süßstoff abseihen. Der Kälteschock verhindert, daß sich auf dem Tee eine Schicht, der »Rahmen«, absetzt. Anders als langsam erkalteter Tee bleibt Eistee klar.

Tea Bacardi Cobbler

8 TL Assamtee, 500 g Eiswürfel, 1 Limette, Zucker oder Süßstoff, 8 cl weißer Bacardi-Rum, Mineralwasser.

Den Tee mit ¼ l Wasser aufbrühen und 5 Minuten ziehen lassen.
Auf die Eiswürfel abseihen, gründlich umrühren. Den Saft der Limette auspressen und dazugeben, nach Belieben süßen (Richtmaß: 4 Teelöffel), in Longdrinkgläser verteilen. Je 2 cl Bacardi dazugeben und mit Mineralwasser auffüllen.

Tee-Zitronen-Bowle ohne Alkohol

2 Zitronen (unbehandelt), 100 g Zucker, 4 Zweiglein frische Minze, 8 TL Assamtee, 1 Flasche (0,7 l) Mineralwasser mit Kohlensäure.

Die Zitrone gründlich abreiben. die Schale mit einem scharfen Messer spiralförmig dünn abschälen, mit der Minze in ein Gefäß legen und mit Zucker bestreuen.
Den Tee mit 0,3 l Wasser aufbrühen und 5 Minuten ziehen lassen.
Auf Minze und Zitronenschale abseihen und 15 Minuten ziehen lassen.
Die Zitronen auspressen und den Saft zum Ansatz geben.
Auf Eiswürfel in Longdrinkgläser verteilen und mit eiskaltem Mineralwasser auffüllen.

Tee-Sangria

300 g frisches Obst der Jahreszeit (Erdbeeren, Äpfel, Birnen, Pfirsiche, Melonen, Orangen) in 1 cm große Würfel geschnitten, 4 EL Zucker, 2 dl Curaçao-Likör, 8 TL Assamtee, 500 g Eiswürfel, 1 Zitrone (unbehandelt), 1 Flasche sprudelndes Mineralwasser.

Das Obst in einem Bowlengefäß mit dem Zucker bestreuen und mit dem Curaçao beträufeln.
Den Tee mit 1 l Wasser aufbrühen und 3 Minuten ziehen lassen.
Auf das Obst abseihen, Eiswürfel, die spiralförmig abgeschälte Zitronenschale und den Zitronensaft dazugeben und umrühren. Zugedeckt im Kühlschrank mindestens 2 Stunden ziehen lassen.
Vor dem Servieren mit dem Mineralwasser aufgießen.

Nach Geschmack noch mit Zitronensaft sowie Zuckersirup oder flüssigem Süßstoff abschmecken.

Geeister Melissentee

5 TL englische Teemischung, 500 g Eiswürfel, 1 Bund (25 g) Zitronenmelisse, Zucker oder Süßstoff.

Den Tee mit ½ l Wasser aufbrühen, und 3 Minuten ziehen lassen.
Auf die Melisseblätter abseihen, nach 5 Minuten die Eiswürfel dazugeben und nach dem Abkühlen kalt stellen.
Nach Belieben süßen. In hohen, mit Zuckerrand versehenen Gläsern servieren. Dazu einen Schnitt in das Fleisch eines Zitronenschnitzes machen, damit über den Rand des Glases fahren, danach den Rand des Glases in Kristallzukker tauchen. Mit einem Melissezweig garnieren.

Ingwer-Tee-Bowle mit Litschis

3 Scheiben Ingwerwurzel (3 mm dick, feingehackt), 2–3 EL Zucker, 8 TL schwarzer Chinatee, 500 g Eiswürfel, 8–10 Litschifrüchte (frisch oder aus der Dose), Saft von 1–2 Zitronen, 1 Flasche Sekt.

In einem Bowlengefäß den Ingwer mit dem Zucker bestreuen; den Tee mit 0,3 l Wasser aufbrühen und 5 Minuten ziehen lassen, dazugeben.
Nach weiteren 5 Minuten die Eiswürfel hinzufügen, öfter umrühren, bis der Tee »schockgefrostet« ist.
Frische Litschis pellen (Dosenfrüchte abtropfen lassen), entsteinen und vierteln und zum Bowlenansatz geben. Mindestens 2 Stunden im Kühlschrank ziehen lassen.

Noch einmal umrühren, mit Zitronensaft abschmecken, den Sekt dazugeben, noch einmal vorsichtig umrühren und in Bowlentassen servieren.
Variante: den Sekt durch sprudelndes Mineralwasser ersetzen.

Eistee-Essenz

8 TL Ostfriesenmischung, 250 g Eiswürfel, dazu Mineralwasser, Zitrone, Zucker oder flüssiger Süßstoff.

Den Tee mit 0,3 l Wasser aufbrühen, 5 Minuten ziehen lassen und in einen Krug auf die Eiswürfel abgießen.
Ein Teil Eisteekonzentrat in ein Glas geben, mit 3–5 Teilen kaltem Mineralwasser aufgießen und mit Zitronensaft und Zucker oder Süßstoff nach Belieben abschmecken.
Tip: Anstatt Kristallzucker, der sich in kaltem Wasser schwer löst, kann man Zuckersirup nehmen: 250 g Kristallzucker mit ⅛ l Wasser aufkochen und rühren, bis alle Schlieren verschwunden sind; abkühlen lassen und in eine Flasche füllen – hält sich im Kühlschrank mehrere Wochen.

Tee-Ananas-Bowle (für 8 Personen)

1 mittelgroße Ananas, 4 EL Zucker, 1 dl dunkler Rum, 8 TL englische Teemischung, 250 g Eiswürfel, 1 l Mineralwasser (sprudelnd).

Die Ananas schälen, das Fruchtfleisch vom holzigen Strunck schneiden, kleinschneiden und in ein Bowlengefäß geben. Mit dem Zucker bestreuen und den Rum angießen. 1 Stunde ruhen lassen.

Den Tee mit ¾ l Wasser aufbrühen, auf den Ananasansatz abseihen, umrühren und 5 Minuten ziehen lassen.
Die Eiswürfel dazugeben und unter Umrühren abkühlen lassen. Mindestens 2 Stunden im Kühlschrank ziehen lassen.
Vor dem Servieren das Mineralwasser dazugießen. Falls die Ananas zu wenig Säure mitbringt, mit Zitronensaft nachschmecken.
Tip: Die Bowle läßt sich auch mit Dosenananas bereiten. Je nach deren Süße die Zuckermenge im Rezept entsprechend vermindern.

Tee in anderer Gestalt

Darjeeling-Hochland-Likör

7 TL Darjeeling FTGFOP, 50 g Zucker, 220 ml Alkohol von 90 Vol.-% (aus der Apotheke).

Den Tee mit 540 ml Wasser aufgießen und 5 Minuten ziehen lassen.
Auf den Zucker abseihen, unter gelegentlichem Rührem 5 Minuten abkühlen lassen, den Alkohol einrühren und in eine 0,7-l-Flasche aus klarem Glas füllen.
Das Rezept ergibt einen aromatischen Teelikör von 28 Vol.-%. Für die gleiche Menge Likör von 40 Vol.-% benötigen Sie 310 ml Alkohol, der Tee wird dann nur mit 450 ml Wasser aufgebrüht.
Nach diesem Rezept erhalten Sie ziemlich genau eine 0,7-l-Flasche voll. Die Wassermenge für das Quellen des Tees ist mitberechnet (7 Teelöffel Tee – etwa 20 g – binden nach dem Aufquellen etwa 60 ml Wasser. Der Zucker geht in Lösung über und vergrößert das Volumen praktisch nicht).
Besonders angenehm ist dieser Teelikör als Longdrink im

Sommer: 4 cl auf einige Eiswürfel in ein Tumblerglas geben, mit Mineralwasser auffüllen und mit einer Limettenscheibe garnieren.

Granité von Earl-Grey-Tee

4 TL Earl Grey, 1 EL Zucker, 250 g Eiswürfel.

Den Tee mit ¼ l Wasser aufbrühen und 4 Minuten ziehen lassen.
Abgießen, den Zucker dazugeben und unter Rühren auflösen, die Eiswürfel hinzufügen und unter Rühren erkalten lassen.
Den kalten Tee auf ein Blech (z. B. Bratenpfanne des Backofens) gießen und zum Gefrieren in den Tiefkühler stellen, der zuvor auf volle Kraft geschaltet wurde.
Wenn sich eine dünne Eisschicht gebildet hat, bricht man diese durch Schieben mit einer Spachtel auf. Diesen Vorgang zwei- bis dreimal wiederholen, bis der Tee die Konsistenz von grobkörnigem Schnee hat.
Das Granité in vorgekühlten Portionsschalen oder -gläsern anrichten, dazu mit Vanille aromatisierte, leicht geschlagene Sahne oder Vanillesauce.

Sorbet von grünem Tee

8 TL japanischer grüner Tee (Blätter-, nicht Pulvertee!), 1 EL Zucker, Minze zum Garnieren.

Den Tee mit ½ l Wasser aufbrühen und 4 Minuten ziehen lassen.
Auf den Zucker abseihen und den Tee erkalten lassen.
In der Sorbetmaschine frieren, mit dem Spritzbeutel in

vorgekühlte Gläser dressieren und mit Minzeblättern garnieren.
Tip: Wenn man nicht über eine Sorbet- bzw. Eismaschine verfügt, gibt man den erkalteten Tee in einer rostfreien Stahlschüssel in den auf volle Kraft geschalteten Tiefkühler. Sobald der Tee zu gefrieren beginnt, nimmt man die Schüssel aus dem Tiefkühler und rührt den Inhalt mit dem Schneebesen kräftig durch. Diesen Vorgang einige Male wiederholen. Das Sorbet muß eine cremige Konsistenz haben. Wegen seines geringen Zuckergehalts sollte dieses Sorbet gleich nach Erreichen der gewünschten Konsistenz gegessen werden. Läßt man es zu lange im Tiefkühler, wird es hart. Sorbets, die auch bei –18 °C cremig bleiben, müssen bis zu 50 Prozent Zucker enthalten.

Creme von Ceylontee

4 TL Ceylontee, 1 EL Zucker, 1 EL Zitronensaft, 2 Blatt Gelatine, 100 g Schlagsahne.

Den Tee mit 2 dl Wasser aufbrühen und 5 Minuten ziehen lassen.
Auf den Zucker abseihen, den Zitronensaft und die in kaltem Wasser vorgeweichte Gelatine dazugeben und durch Rühren vollständig auflösen.
Kalt stellen und, sobald die Flüssigkeit zu gelieren beginnt, die steif geschlagene Sahne unterziehen.
In 4 Souffléförmchen von 1 dl Inhalt füllen, im Kühlschrank 2–3 Stunden ausgelieren lassen.
Zum Servieren die Förmchen einige Sekunden in heißes Wasser stellen und die Cremes auf Teller stürzen.
Dazu schmeckt eine Kiwisoße: 1 Kiwi schälen, das Fruchtfleisch im Mixer pürieren und mit Zitronensaft abschmekken.

Minzetee-Götterspeise

8 TL Gunpowdertee, 3 EL Zucker, 4 Zweige frische Minze, 6 Blatt Gelatine.

Den Tee mit 550 ml Wasser aufbrühen und 5 Minuten ziehen lassen.
Auf Zucker und die abgezupften Minzeblätter abseihen und unter gelegentlichem Rühren etwa 5 Minuten ziehen lassen – der Zucker muß vollständig gelöst sein.
Die Minze herausnehmen und die nach Vorschrift vorgeweichte Gelatine im Tee auflösen, in Portionsgläser oder -schälchen füllen, in jede Portion einige der gebrühten Minzeblätter geben, abkühlen und dann im Kühlschrank 4–5 Stunden gelieren lassen. Mit halbgeschlagener Sahne servieren.
Tip: Soll die Götterspeise gestürzt werden, muß man die Gelatinemenge auf 9 Blatt erhöhen. Aber das zartere, nicht sturzfähige Gelee schmeckt besser.

Teesahne

250 g Schlagsahne, 3 TL Ostfriesentee, 2 EL Zucker.

Die Sahne zum Kochen bringen, auf den Tee gießen und 5 Minuten ziehen lassen.
Abseihen, unter Rühren abkühlen lassen, dann im Kühlschrank mehrere Stunden kalt stellen.
Halb steif schlagen, den Zucker einrieseln lassen, dann ganz steif schlagen.
Als Beilage zu Fruchtdesserts, z. B. gedünsteten Birnen, servieren.

Assamtee-Speiseeis

2 dl Milch, 2 dl Sahne, 6 TL Assamtee, 3 Eier, 150 g Zucker.

Milch und Sahne aufkochen, den Tee damit aufbrühen und 5 Minuten ziehen lassen.
Unterdessen die Eier und den Zucker in einer großen Edelstahlschüssel mit rundem Boden schaumig schlagen. Den Milch-Sahne-Tee darauf abseihen, die Mischung über dem heißen Wasserbad schlagen, bis eine dickliche Creme entstanden ist. Ins kalte Wasserbad stellen und unter gelegentlichem Rühren abkühlen, damit sich keine Haut bildet.
Die abgekühlte Creme in der Eismaschine frieren oder, wo eine solche fehlt, in einer Edelstahlschüssel in den Tiefkühler stellen, mehrmals herausnehmen und mit dem Kochlöffel durchrühren, damit sich keine Kristalle bilden.
Tip: Mit gehacktem kandiertem Ingwer servieren.

Englische Teecreme

3 dl Milch, 6 TL englische Teemischung, 4 Eier, 150 g Zucker, 250 g Sahne.

Die Milch aufkochen, den Tee damit aufbrühen und 5 Minuten ziehen lassen.
Die Eier und den Zucker in einer Stahlschüssel schaumig schlagen und den heißen Tee unter Rühren darauf abseihen.
Die Mischung über dem heißen Wasserbad zur Creme schlagen, danach im kalten Wasserbad unter Rühren abkühlen und kalt stellen.
Vor dem Servieren die steif geschlagene Sahne unterheben. Dazu schmeckt englischer Früchtekuchen.

Tee-Eis am Stiel

3 TL Ostfriesentee, 2 EL Zucker, Saft von 1 Zitrone.

Tee mit ½ l Wasser aufbrühen, abseihen, Zucker und Zitronensaft zugeben, unter gelegentlichem Rühren abkühlen lassen, in Eis-am-Stiel-Formen füllen und frieren lassen. An heißen Tagen eine ideale Erfrischung – nicht nur für Kinder.

Essen, das zum Tee paßt

Daß zum Tee nicht nur Süßes paßt, zeigten uns als erste die Chinesen: Tee, vor allem grüner Tee, ist für sie das wichtigste Getränk, das zu jedweder Mahlzeit auf dem Tisch steht. Auch die Inder, die den Tee erst durch die Engländer kennenlernten, bevorzugen Tee als Begleitgetränk zur Mahlzeit, ein sehr vernünftiges Prinzip in einem heißen Klima.
Bei den Briten wird zum Tee allerlei Salziges und Pikantes gegessen: Das fängt beim traditionellen englischen Frühstück nicht nur mit *ham and eggs* an, sondern auch mit *kippers,* geräucherten oder luftgetrockneten entgräteten Heringen, oder gebratenen Nieren. Und zum Nachmittagstee sind Sandwiches obligatorisch, die berühmten Klappstullen, die ganz bestimmten Anforderungen genügen müssen.

Sandwiches

Sie verdanken ihren Namen und ihre Erfindung einem Lord Sandwich, der ein leidenschaftlicher Kartenspieler war. Weil er sich nicht einmal zur notwendigen Nahrungs-

aufnahme vom Spieltisch losreißen konnte, ließ er sich im Club belegte Brote an den Spieltisch bringen, handliche Happen, die auf einem Tellerchen in Reichweite bereitgestellt wurden. Er griff danach und aß sie, ohne hinzusehen. Ein Sandwich muß demnach so beschaffen sein, daß es sich ohne besondere Aufmerksamkeit essen läßt.
Es besteht stets aus 2 Scheiben entrindetem Kastenbrot. Die Füllung ist weich genug oder entsprechend zerkleinert, so daß man ohne Schwierigkeiten abbeißen kann, ohne daß der Belag seitlich herausquillt. Die Rinden werden mit einem scharfen Messer abgeschnitten, das Sandwich dann diagonal in 2 handliche Dreiecke geteilt. Werden Sandwi-

ches vorbereitet, richtet man sie auf einer Platte an und deckt sie bis zum Servieren mit Folie ab, damit sie nicht austrocknen.
Hier nun einige Anregungen für Sandwichfüllungen:

Blauschimmelkäse, z. B. Roquefort, pikanter Gorgonzola oder englischer Stilton, wird mit Sahne oder Crème fraîche zu einer streichfähigen Masse verarbeitet. Die Käsecreme schmeckt besonders gut, wenn man sie mit wenig weißem Portwein aromatisiert.

Schinken wird feingehackt oder in ganz feine Streifen geschnitten und dann mit Butter, Crème fraîche oder auch Mayonnaise angemacht. Rohschinken, der ohnehin kräftig im Geschmack ist, braucht keine weitere Würzung, gekochter Schinken, der manchmal etwas langweilig schmeckt, verträgt etwas Senf, Pfeffer, Meerrettich oder Kräuter.

Sardellenfilets, die aus dem Salz kommen, werden kurz gewässert, trockengetupft, feingehackt und mit Butter zu einem Aufstrich verarbeitet. Auch Petersilie läßt sich gut untermischen.

Schwarze Oliven werden entkernt und zusammen mit gewässerten und abgetropften Sardellenfilets und einigen Kapern sehr fein gehackt und mit Olivenöl angemacht. Sind die Oliven sehr salzig, sollte man sie vorher wässern.

Thunfisch aus der Dose wird abgetropft und mit feingehackten Zwiebeln, Mayonnaise und Zitronensaft angemacht sowie mit Pfeffer aus der Mühle abgeschmeckt.

Ölsardinen werden abgetropft, entgrätet, mit der Gabel zerdrückt und mit Sahnefrischkäse vermengt sowie mit

Zitronensaft, feingehackten Schalotten und Pfeffer abgeschmeckt.

Räucherlachs wird in feine Streifen geschnitten, mit feingehackten Zwiebeln und einigen Kapern vermengt sowie mit Zitronensaft und Pfeffer abgeschmeckt.

Räucherfisch, wie Bückling oder Makrele, wird entgrätet, enthäutet, in kleine Stücke gezupft, mit Zitronensaft und Pfeffer abgeschmeckt und zwischen gebutterte Brotscheiben gepackt.

Hühnerfleisch von gebratenem oder gekochtem Geflügel wird vom Knochen gelöst, enthäutet und quer zur Faser in feine Scheiben oder Stücke geschnitten, mit wenig Mayonnaise oder Crème fraîche angemacht und mit Salz, Pfeffer und Zitronensaft abgeschmeckt. Beim Zusammenstellen des Sandwichs noch ein Kopfsalatblatt dazugeben.

Hartgekochte Eier fein hacken und mit Crème fraîche und ein wenig scharfem Senf anmachen. Als Garnitur dazu Streifen von rotem Radicchiosalat.

Frühstücksspeck in dünnen Scheiben ohne Schwarte und Knorpel knusprig braten und auf Küchenkrepp abtropfen lassen. Tomaten enthäuten, vierteln, entkernen, das Fruchtfleisch fein würfeln, pfeffern und leicht salzen. Dieses Tomatenkonkassee auf gebutterte Brotscheiben verteilen, mit dem knusprig gebratenen Speck belegen und mit einer 2. gebutterten Brotscheibe bedecken.

Erdnußmus, in seinem Ursprungsland USA *peanut butter* genannt, erfreut sich auch bei uns zunehmender Beliebtheit. Es enthält reichlich Öl und wird deshalb direkt auf ungebuttertes Brot gestrichen. Dazu passen zum Beispiel

knusprig gebratener Frühstücksspeck oder Tomatenscheiben. In Amerika wird peanut butter auch gerne mit Konfitüre, zum Beispiel von Johannisbeeren, kombiniert.
In gleicher Weise läßt sich die aus Asien stammende Sesampaste verwenden.

Brunnenkresse ist in England sehr populär, auch als Sandwichfüllung: Die Kresse wird gewaschen und gut trockengeschleudert (in einem Tuch oder einer Salatschleuder). Dann zupft man die Blätter ab und macht sie mit wenig Weinessig, Salz, Pfeffer und Olivenöl an.

Gurken eignen sich ebenfalls als Sandwichbelag. Man schneidet sie ungeschält in dünne Scheiben, bestreut sie nicht zu knapp mit Salz und läßt auf einem Durchschlag, mit einem Teller abgedeckt, der (z. B. mit einer vollen Konservendose) beschwert ist, 1 Stunde lang ihr Wasser »ausweinen«. Dann tupft man die Scheiben mit Küchenkrepp trocken, belegt damit gebuttertes Brot, würzt leicht mit Pfeffer und garniert mit gezupften Dillspitzen.
Zu einem zünftigen britischen High Tea gehören stets mehrere Sorten Sandwiches: Bereiten Sie jeweils welche mit Fleisch oder Geflügel, Fisch, Käse und Gemüse vor. Pro Person sollte man 2 ganze Sandwiches, also 4 Dreiecke rechnen.

Selbstgebackenes zum englischen Tee

Hot Cross Buns (Rosinenbrötchen)

500 g Mehl, 1 TL Zimtpulver, je 1 Messerspitze Muskatnuß und Nelken in Pulverform, 30 g Hefe, 125 g Zucker, 125 ml lauwarme Milch, ½ TL Vanilleextrakt, 150 g Rosinen, 4 cl Rum, 100 g Butter, 2 Eier, 1 Prise Salz; Öl fürs Backblech; 1 Eigelb, 3 EL Milch, 1 EL Zucker zum Bestreichen.

Das Mehl in eine Schüssel sieben und die Gewürze untermischen. In die Mitte des Mehls eine Mulde drücken, 1 Eßlöffel Zucker, die zerbröckelte Hefe und 3 Eßlöffel Milch hineingeben und mit einer Gabel zu einem Vorteig vermischen und dann die Schüssel mit einem Tuch abdecken und den Teig an einem warmen Ort ½ Stunde ruhen lassen. Unterdessen die Rosinen mit dem Rum marinieren.
Die restliche Milch, das Vanilleextrakt, den restlichen Zukker und die zerlassene Butter in die Schüssel geben und alles, vom Rand her beginnend, mit einem Kochlöffel oder den Knethaken eines Elektrorührgeräts durcharbeiten, dann die Eier und das Salz und schließlich die abgetropften Rosinen einkneten; der Teig soll recht weich sein.
Die Schüssel wieder mit dem Tuch bedecken und den Teig ½ Stunde gehen lassen.
Mit bemehlten Händen Teigstücke zwischen den Handflächen zu Kugeln rollen und leicht flachdrücken – die Brötchen sollen einen Durchmesser von etwa 5 cm haben. Die Brötchen auf ein gefettetes Backblech setzen und an der Oberseite kreuzweise mit einem Messer einritzen (daher die Bezeichnung »cross«). Das Blech mit einem Tuch bedecken und die Brötchen nochmals 30 Minuten gehen lassen, dann mit der gutverquirlten Mischung aus Eigelb, Milch und Zucker bestreichen und im 200 °C heißen Ofen etwa 20 Minuten backen.

Diese reschen Rosinenbrötchen, die heiß gegessen werden, schmecken zum Frühstück ebenso gut wie zum Nachmittagstee.

Sonntags-Scones

250 g Mehl, 1 EL Zucker, ½ Päckchen Backpulver, 1 Prise Salz, 100 g Butter, 125 ml Milch, 70 ml Sahne; 1 EL Zucker und 3 EL Milch zum Bestreichen.

Mehl, Zucker, Backpulver und Salz in eine Schüssel geben, mit einem Kochlöffel oder den Knethaken die weiche Butter einarbeiten, Milch und Sahne dazugeben und alles zu einem leichten Teig verarbeiten, der sich von der Schüssel löst. Falls er noch klebrig ist, etwas mehr Mehl einarbeiten. Den Teig auf einem Brett etwa 6 mm dick ausrollen, mit einem Ausstecher 5 cm große Kreise ausstechen, auf ein gefettetes Blech setzen und bei etwa 200 °C 15 Minuten backen, mit der gesüßten Milch bestreichen und weitere 5 Minuten backen. Ergibt etwa 15 Stück.

Englischer Früchtecake

4 Eier, 250 g weiche Butter, 250 g Zucker, 1 Prise Salz, je 1 Messerspitze Zimt-, Nelken- und Muskatpulver, abgeriebene Schale von ½ Zitrone oder ½ TL Zitronenessenz, 2 cl dunkler Rum, 300 g Mehl, ½ Päckchen Backpulver, 125 g Rosinen, 125 g Sukkade (kandierte Orangen- und Zitronenschale), Butter und Semmelbrösel für die Form.

Die Eier trennen. Die Butter schaumig rühren, Zucker und Eigelb nach und nach einarbeiten. Die Gewürze, Zitronenschale und den Rum einrühren, dann in kleinen Portionen

das mit dem Backpulver vermischte Mehl; alles zu einem lockeren Teig rühren.
Zuletzt die Rosinen und die Sukkade einstreuen und unterheben.
Den Teig in eine gefettete und mit Semmelbröseln ausgestreute Kastenform füllen, im 190 °C heißen Ofen etwa 75 Minuten backen. Mit einem Zahnstocher die Garprobe machen: Beim Herausziehen darf keine Teigmasse am Hölzchen mehr kleben.
Eine unbeschichtete Backform muß vor dem Einfüllen des Teigs gefettet und mit Paniermehl ausgestreut werden.
Den Cake in der Form auskühlen lassen, dann erst stürzen.

Vollkornmürbeteig für Fruchttörtchen

500 g Weizenvollkornmehl, 1 TL Backpulver, 250 g Butter, 1 Prise Salz, 100 g Honig, 1 Ei.

Mehl und Backpulver in eine Schüssel geben, die kalte, feingewürfelte Butter dazugeben und mit den Knethaken des Handrührgeräts zu Streuseln verarbeiten.
Die übrigen Zutaten dazugeben und nur so lange weiterbearbeiten, bis der Teig Bindung bekommen hat.
Aus der Schüssel nehmen, zur Kugel formen, in Klarsichtfolie wickeln und im Kühlschrank mindestens 2 Stunden, besser über Nacht ruhen lassen.
Zur Weiterverarbeitung auf bemehlter Fläche ausrollen, ausstechen oder ausschneiden, in leicht gefettete Formen geben, 1 Stunde im Kühlschrank ruhen lassen, 15–20 Minuten bei 200 ° C backen. Die Menge reicht für 3 Tortenböden mittlerer Größe oder etwa 25 Törtchenböden.
Zum »Blindbacken« die Teigflächen in den Formen oder Blechen mit Backtrennpapier oder Butterbrotpapier abdecken und mit getrockneten Hülsenfrüchten (Erbsen,

Bohnen oder Linsen) beschweren. Nach dem Backen das Papier entfernen, die Böden in den Formen erkalten lassen, dann erst vorsichtig herauslösen.
Kurz vor dem Servieren mit frischen Beeren oder Früchten belegen und mit angewärmtem Fruchtgelee aus dem Glas oder mit Tortenguß überziehen. Nach Belieben Schlagsahne dazu reichen.

Vanillehörnchen

250 g weiche Butter, 125 g Zucker, 1 Vanilleschote, 250 g Mehl, 375 g gemahlene Mandeln, 1 Prise Salz, Puderzucker zum Überstäuben.

Butter, Zucker und das ausgekratzte Mark der Vanilleschote zusammen schaumig rühren, das Mehl nach und nach dazusieben, schließlich die gemahlenen Mandeln und das Salz einarbeiten.
Den Teig zur Kugel formen, in Klarsichtfolie wickeln und mindestens 1 Stunde im Kühlschrank ruhen lassen.
Vom Teig walnußgroße Stücke abnehmen und auf einem leicht bemehlten Brett mit den Händen zu 6 cm langen Würstchen formen, die an den Enden spitz zulaufen. Die Teigwürstchen zu Hörnchen biegen und auf ein mit leicht gebuttertem Backpapier belegtes Blech verteilen, im 180 ° C heißen Ofen 15–20 Minuten backen, bis die Kipferln leicht Farbe annehmen. Auf dem Blech einige Minuten abkühlen lassen, dann auf ein Kuchengitter legen und mit Puderzucker bestäuben.
Vanillekipferln schmecken ganz frisch am besten.

Englischer Zimttoast

Toastbrotscheiben mit Butter bestreichen, in der heißen Pfanne mit der Butterseite unten einseitig bräunen. Die Oberseite ebenfalls mit Butter bestreichen, mit Zimtpulver und Hagelzucker bestreuen, unter dem heißen Grill bräunen – der Zucker soll dabei schmelzen. Heiß servieren.

Spitzbuben

200 g Mehl, 125 g Butter, 80 g Zucker, 1 Prise Salz, 1 Ei; rote Johannisbeerkonfitüre, Zitronenglasur (Handelsware).

Das Mehl in eine Schüssel geben, die kleingewürfelte kalte Butter hinzufügen und zu Streuseln verkneten. Zucker, Salz und das Ei dazugeben, weiter bearbeiten, bis der Teig gebunden ist. Zur Kugel formen, in Klarsichtfolie wickeln und im Kühlschrank mindestens 2 Stunden ruhen lassen.
Den Teig auf bemehlter Fläche dünn ausrollen, runde Plätzchen ausstechen und auf leicht gefettetem Blech im 200 ° C heißen Ofen in 10–15 Minuten backen.
Etwas abkühlen lassen, dann jeweils ein Plätzchen mit leicht angewärmter und glattgerührter Konfitüre bestreichen, ein 2. Plätzchen darauflegen, leicht andrücken und mit Zitronenglasur überziehen.

Kräuter ergeben auch »Tee«

Die deutsche Sprache bezeichnet, im Gegensatz zu anderen, auch Aufgüsse diverser Blätter, Blüten und Wurzeln als Tee, freilich muß, so verlangt es bei uns das Gesetz, stets der Gattungsname dem »Tee« vorangestellt werden. Diese Produkte gelten anscheinend nicht als Genußmittel, und so wird darauf auch keine Teesteuer erhoben.
In der Volksmedizin und der Naturheilkunde haben Kräuter seit Urzeiten ihre wichtige Bedeutung.
Die wichtigsten, die bei uns gängige Hausmittel sind, führe ich deshalb hier auf:

Angelika *(Archangelica officinalis),* volkstümlich: Engelwurz.
Die getrockneten und zerkleinerten Wurzeln werden als Tee aufgebrüht und empfohlen gegen Störungen des Magen-Darm-Traktes sowie gegen allgemeine Schwäche und Erschöpfungszustände.
Morgens auf nüchternen Magen 1 Tasse trinken, 2 weitere schluckweise über den Tag verteilt.

Anserine *(Potentilla anserina),* volkstümlich: Gänsefingerkraut oder Krampfkraut.

Für Tee werden Blüten und Blätter genutzt. Indikationen: Durchfall, Katarrh im Magen-Darm-Trakt. Anserinetee wird schluckweise dosiert. Nutzung auch als Augenbad bei leichten Entzündungen, für Umschläge bei Hautausschlägen, als Gurgelmittel bei Zahnschmerzen.

Arnika *(Arnica montanus)*.
Als Teeaufguß gegen Husten und Heiserkeit, Magen- und Darmverstimmungen. Nervenschwäche.
Morgens und abends je 1 Tasse.

Baldrian *(Valeriana officinalis)*.
Baldriantee ist gegen Nervosität aller Art, Schlaflosigkeit, Herzklopfen und Blutarmut angezeigt.
Morgens und abends je 1 Tasse.

Bibernelle *(Pimpinella saxifraga)*.
Als Tee wird die Wurzel aufgebrüht. Angezeigt bei Entzündungen im Magen- und Darmbereich, Heiserkeit und Husten.
Dosierung: mehrmals täglich einen Schluck warmen Tee, mit etwas Honig gesüßt.

Brennessel *(Urtica dioica)*.
Der Tee aus Samen, Wurzeln und Blättern ist harntreibend und blutreinigend, angezeigt bei Nieren- und Blasenbeschwerden, auch gegen Durchfall, Darmblutungen, Hämorrhoiden, Gicht und Rheuma.
Dosierung: 3 kleine Tassen täglich, in kleinen Schlucken.

Brombeere *(Rubus fruticosus)*.
Brombeerblättertee ist ein besonders beliebtes und bewährtes Hausmittel gegen Durchfall und andere Störungen des Verdauungstraktes, auch Blinddarmreizung, sowie gegen Verschleimung der Luftwege.

Eisenkraut *(Verbena officinalis)*
ist vor allem in Frankreich als Hausmittel gegen Verdauungsbeschwerden beliebt *(verveine)*. Eisenkrauttee hilft außerdem gegen Husten und Blutarmut.

Erdbeere *(Fragaria vesca)*.
Erdbeerblättertee wirkt blutreinigend.

Erdrauch *(Fumaria officinalis)*.
Erdrauchtee wirkt gegen Gallen- und Leberbeschwerden, Verstopfung.
Sparsam dosieren! Morgens nur eine kleine Tasse auf nüchternen Magen. Erdrauch wirkt schweißtreibend, blutreinigend und stark abführend.

Erika *(Calluna vulgaris)*, Heidekraut.
Erikatee hilft gegen Gallen- und Leberbeschwerden, Gicht und Rheuma.
Täglich 3 Tassen, schluckweise über den Tag verteilt.

Farnkraut *(Aspidium filix mas)*.
Dünner Farnkrauttee wird als Hausmittel gegen Darmwürmer eingesetzt.

Faulbaum *(Frangula alnus)*.
Der Absud der Faulbaumrinde ist ein sehr wirksames Abführmittel.

Fenchel *(Foeniculum vulgare)*.
Fencheltee wird stillenden Müttern zur Anregung der Milchdrüsen empfohlen, außerdem gegen Blähungen und andere Störungen des Magen- und Darmtraktes, auch bei Kleinkindern.

Frauenmantel *(Alchemilla vulgaris)*.
Frauenmanteltee fördert die Wundheilung.
2–3 Tassen täglich.

Gartenraute *(Ruta graveolons)*
ist als Teeaufguß gegen hohen Blutdruck und dessen Begleiterscheinungen (Kopfweh, Kreislaufstörungen) sowie Magen- und Darmkrämpfe angezeigt.
Gegen hohen Blutdruck 2 Tassen über den Tag verteilt, gegen Magenkrämpfe 1 Tasse in kleinen Schlucken.

Geißfuß *(Aegopodium podograria)*
wirkt als Tee blutreinigend und ist bei Rheuma und Gicht angezeigt.

Hagebutten *(Rosa canina)*.
Der Tee aus den Früchten der Heckenrose ist bei Blasen- und Nierenleiden angezeigt und wirkt blutreinigend. Der wohlschmeckende Aufguß kann jederzeit auch zur Vorbeugung empfohlen werden.

Himbeere *(Rubus idaeus)*.
Himbeerblättertee ist ein wohlschmeckender Trunk, der in Kriegs- und Notzeiten den Schwarztee ersetzte.

Holunder *(Sambucus nigra)*.
Der aus Wurzeln und Rinde bereitete Tee wirkt harntreibend und blutreinigend.

Isländisches Moos *(Cetraria islandica)*.
Der Teeabsud ist ein bewährtes Hausmittel gegen Verschleimungen der Lunge und des Magen-Darm-Traktes.
Täglich 2–3 Tassen, mit Honig gesüßt.

Kamille *(Matricaria chamomilla)*
ist eines der bekanntesten Heilkräuter, als Tee so beliebt, daß es ihn in Aufgußbeuteln gibt. Angezeigt gegen Entzündungen aller Art, wirkt beruhigend, krampfstillend und schweißtreibend. Kamille bewährt sich besonders bei Störungen des Magen-Darm-Traktes sowie als Augenbad und Kompresse bei Bindehautentzündung.

Linde *(Tilia platyphyllos)*.
Lindenblütentee ist ein hervorragendes Hausmittel gegen Erkältungen, Grippe, Husten, wirkt schweißtreibend und blutreinigend.

Mate wird aus den Blättern einer Stechpalmenart *(Ilex paraguayensis)* gewonnen, die in Südamerika heimisch ist. Mate ist das Nationalgetränk der Gauchos in Argentinien. Er enthält ebenfalls Tein bzw. Koffein, allerdings weit weniger als Schwarztee. Der Aufguß wirkt blutreinigend und anregend auf die Nieren. In seiner Heimat wird Mate mit neusilbernen Saugröhrchen aus getrockneten Kürbisschalen getrunken. Bei uns gibt es diese Utensilien in Teegeschäften zu kaufen. Mate gibt es als grüne getrocknete und als geröstete Blätter.

Melisse *(Melissa officinalis)*.
Melissentee ist gegen Nervenschwäche und Schlaflosigkeit angezeigt.
Morgens und abends je 1 Tasse.

Pfefferminze *(Mentha piperita)*.
Pfefferminztee ist bekannt und bewährt als Hausmittel gegen Erkältungen und Störungen des Magen-Darm-Traktes. Auch als Aufgußbeutel erhältlich, wohlschmeckend.

Melissa officinalis
Salvia officinalis
Matricaria chamomilla

Salbei *(Salvia officinalis).*
Salbei ist ein geschätztes Würzkraut in der südeuropäischen Küche. Der Teeaufguß ist gegen allgemeine Schwäche, Nachtschweiß und Schmerzen aller Art angezeigt, ferner als Gurgelmittel bei Entzündungen des Mund- und Rachenraumes.

Schafgarbe *(Achillea millefolium).*
Schafgarbentee wird gegen Nieren- und Blasenbeschwerden aller Art empfohlen, auch gegen Hämorrhoiden und Kopfschmerzen, wirkt blutreinigend.
Dosierung: 2–3 Tassen, schluckweise über den Tag verteilt.

Tausendgüldenkraut *(Frythraea centaurium).*
Der Tee vom Tausendgüldenkraut ist ein bewährtes Mittel gegen Magenbeschwerden, wirkt außerdem blutreinigend.
Dosierung: 1 Tasse auf nüchternen Magen.

Thymian *(Thymus vulgaris)*
ist als Würzkraut weiter verbreitet denn als Tee. Thymiantee ist hilfreich gegen Magenkatarrh: 2 Tassen täglich, langsam trinken.

Waldmeister *(Asperula odorata).*
Der Aufguß der getrockneten Blätter ist ein beliebter Haushaltstee mit wohltuender Wirkung auf Leber und Milz, Magen und Niere.

Bibliographie

1. Allgemeine Darstellungen
Adrian, Hans G.: *Tee über den Ozean.* Bremen 1978.
– : *Das Bilderbuch zum Tee.* Bayreuth 1967.
Ukers, William H.: *All about Tea.* 2 Bde., New York 1935.

2. Ostfriesland:
Haddinga, Johann: *Das Buch vom Ostfriesischen Tee.* Leer 1980.

3. Japan und die Teezeremonie:
Adrian, Hans G.: *Einladung zum Tee.* Bremen 1979.
Berliner, Anna: *Der Teekult in Japan.* Leipzig 1930 (die ausführlichste Darstellung in deutscher Sprache).
Okakura, Kakuzo: *Das Buch vom Tee.* 2. Aufl., Frankfurt 1981.

4. Kräutertees:
Rogler, August: *Kräutersegen.* Wien und München o. J.

Sachregister

Biomedizin – die natürliche Alternative.

Alexander, Maximilian
Zoubek, Eugen
Schmerzfrei durch Biomedizin
– Neue Naturheilmethoden –
144 Seiten, 11,5 x 18 cm
DM 6,80
ISBN 3-612-20000-3
ETB 20000

Das Buch

Akute und chronische Schmerzzustände sind das Schicksal vieler Menschen und können oft einen Lebensweg beeinflussen und prägen. Die Biomedizin bietet eine natürliche Alternative zu den herkömmlichen Schmerzmitteln. Wirksame Präparate, auf rein biologischer Basis hergestellt, helfen Schmerzen ohne schädliche Nebenwirkungen überwinden, mobilisieren Eigenkräfte und setzten einen natürlichen Heilungsprozeß in Gang. Anhand zahlreicher Praxisbeispiele zeigen die Autoren, mit welchen Mitteln der modernen Naturmedizin der Mensch Krankheiten und Schmerzen vorbeugen und sich selbst erfolgreich behandeln kann.

Die Autoren

Maximilian Alexander arbeitet seit vielen Jahren als freier Journalist und Schriftsteller. Seine Spezialgebiete sind Medizin und Naturheilkunde.
Eugen Zoubek ist Homöopath und Arzt.

Mehr Spaß am Lernen – Mehr Zeit zum Spielen.

Beyer, Günther
So lernen Schüler leichter
– Gedächtnis- und Konzentrationstraining –
128 Seiten, 50 Grafiken
11,5 x 18 cm
DM 6.80
ISBN 3-612-20001-1
ETB 20001

Das Buch

Mangelhafte Konzentrationsfähigkeit und schlechtes Gedächtnis sind oft die Ursachen für ungenügende Leistungen in der Schule. Dieses Buch schafft Abhilfe: Kinder zwischen 8 und 15 Jahren erfahren, wie sie mit einfachen Lerntechniken ihr Gedächtnis schulen und ihre Konzentrationsfähigkeit erhöhen können, um besser zu werden, Spaß am schnellen Lernen zu finden und damit mehr Zeit zum Spielen zu haben.
Übungen und Kontrolltests helfen, Können und Leistungen zu steigern.

Der Autor

Günther Beyer ist Gründer des Eltern-Schüler-Förderkreises Nordrhein-Westfalen. Er leitet ein eigenes Institut für Creatives Lernen.
Im ECON-Verlag erschienen seine Ratgeber 'Creatives Lernen', 'Gedächtnis- und Konzentrationstraining' und 'Superwissen durch Alpha-Training'.

Das Standardwerk der biologischen Küche.

Danner, Helma
Biologisch kochen und backen
– Das Rezeptbuch der natürlichen Ernährung –
288 Seiten, 30 Zeichn.
11,5 x 18 cm
DM 14,80
ISBN 3-612-20003-8
ETB 20003

Das Buch

Natürliche Ernährung ist nicht nur gesund, sondern auch wohlschmeckend, durch sie können Krankheiten geheilt, gelindert und verhindert werden: Karies, Paradontose, Erkrankung des Bewegungsapparates, Zukkerkrankheit, Leber-, Gallen-, Nierenerkrankungen, Beschwerden der Verdauungsorgane, Gefäßerkrankungen u. v. a. m. Naturbelassene Ernährung bringt dem Menschen neuen Schwung, Elastizität, Ausdauer und hohe Konzentrationsfähigkeit, sie erhält ihn gesund und schlank.
Die Rezepte in diesem Buch sind praxiserprobt.

Die Autorin

Helma Danner ist Gesundheitsberaterin. Sie beschäftigt sich seit vielen Jahren mit der wissenschaftlichen- und Laienliteratur auf dem Ernährungssektor, mit neuesten und alten Gesundheits- und Kochbüchern.

Mit autogenem Training zu innerer Harmonie.

Eberlein, Gisela
Autogenes Training mit Kindern
112 Seiten
11,5 x 18 cm
DM 6,80
ISBN 3-612-20004-6
ETB 20004

Das Buch

Viele Kinder sind nervös, aufgeregt, schlafen schlecht, sind kontaktarm, inaktiv, unkonzentriert und ängstlich. Durch autogenes Training können diese Störungen behoben werden. Autogenes Training bringt Spannung und Entspannung, fördert Aktivität und Kreativität und hilft den Kindern, selbstsicher, mutig und frei zu werden. Dies Buch zeigt, wie Kinder autogenes Training unter Anwendung von Märchen erlernen und durchführen können und wie die Autorin selbst mit Kindern autogenes Training erfolgreich ausübte.

Die Autorin

Dr. med. Gisela Eberlein lehrt in eigener Praxis, in Seminaren und Arbeitsgemeinschaften autogenes Training. Sie wurde ausgezeichnet mit dem 'Hufeland-Preis' für vorbeugende Gesundheitspflege.

*Akupunktur-
Heilmethode für
alle.*

Ewald, Hans
Akupunktur für Jeden
– Eine Anleitung in Bildern –
128 Seiten, 76 Abb.
11,5 x 18 cm
DM 6,80
ISBN 3-612-20005-4
ETB 20005

Das Buch

Akupunktur heilt Krankheiten, behebt Funktionsstörungen, Akupunktur ist leicht zu erlernen und bewirkt in vielen Fällen unerhoffte Heilerfolge. Anhand von rund 90 Abbildungen und Zeichnungen erläutert der Autor die Meridiane und Punkte des Körpers, beschreibt Grundsätze der Diagnostik und Therapie, gibt Anleitung für Stichtiefe, Handhaltung und Nadelarten und liefert einen Bezugsnachweis für die Nadeln.
Innerhalb kurzer Zeit kann der Laie mit diesem Buch die Selbstbehandlung mit Akupuktur erlernen.

Der Autor

Dr. med. Hans Ewald erlernte Akupunktur in Asien und wendet die Heilmethode seit Jahren erfolgreich in eigener Praxis an. Beim ECON-Verlag erschienen seine Ratgeber Akupunktur und Akupressur, 'Akupressur für Jeden .

*Wasser –
Medikament für
Kranke – Elixier
für Gesunde.*

Jäger, Gerhard
Wasser wirkt Wunder
– Natürliche Heilmethoden –
160 Seiten, 26 Abb.
11,5 x 18 cm
DM 6,80
ISBN 3-612-20006-2
ETB 20006

Das Buch

Wasser ist eine Medizin mit ganz besonderen Eigenschaften: Es härtet den Körper ab, schützt vor Krankheiten und kann viele Krankheiten und chronische Leiden heilen oder lindern.
Der Autor zeigt, wie Wassertherapie wirkt. Wirksam sind medizinische Bäder und Duschen, Wikkel und Güsse, Packungen, heiß, kalt oder wechselwarm, Lösungen mit Kräutern und anderen Zusatzstoffen. Die Wassertherapie hilft u. a. bei Rheuma und Durchblutungsstörungen, bei Herz- und Kreislauferkrankungen, bei Verdauungsstörungen, bei Leber- und Nierenproblemen und bei Infektionskrankheiten.

Der Autor

Gerhard Jäger ist Medizin-Journalist und Schriftsteller. Er praktiziert als Heilpraktiker in eigener Praxis.

*Zum Arzt –
oder nicht?*

Vickery, Donald
Fries, James F.
Zum Arzt – oder nicht?
– Krankheiten erkennen und das Richtige tun –
304 Seiten, 65 Abb.
11,5 x 18 cm
DM 12,80
ISBN 3-612-20007-0
ETB 20007

Das Buch

Wie oft ist der Mensch angesichts körperlicher Beschwerden verunsichert und sucht den Arzt auf, wie oft hätte er sich selbst behandeln können, wie oft aber geht er auch zu spät zum Arzt?
Die häufigsten Beschwerden und Erkrankungen werden in diesem Buch charakterisiert. Bauchschmerzen, Durchfall, Husten, Schnittwunden, innere Schmerzen u.v.a. Krankheiten werden anhand der auftretenden Symptome beschrieben. Die Erscheinungsbilder werden schematisch aufgezeichnet und es wird gezeigt, wann ein Arzt aufgesucht werden muß und wann der Patient sich selbst behandeln kann.

Die Autoren

Donald Vickery und James Fries sind praktische Ärzte mit jeweils eigener Praxis.

*Schlank im
Schlaf.*

Bierach, Alfred
Schlank im Schlaf durch vertiefte Entspannung
– Die SIS-Methode –
144 Seiten, 1 Grafik
11,5 x 18 cm
DM 6,80
ISBN 3-612-20008-9
ETB 20008

Das Buch

Durch vertiefte Entspannung im Schlaf schlank werden, dies ist eine neue Methode, die all jenen zu empfehlen ist, die ohne Mühe schlank werden und endlich wieder ihr Normalgewicht erreichen wollen. Im Zustand tiefster Entspannung suggeriert der Mensch seinem Unterbewußtsein ein verändertes Ernährungsprinzip und kann so bei Bewußtsein mühelos den neuen Weg einhalten. Eine wissenschaftlich und praxiserprobte Methode, die in psychosomatischen Kliniken angewandt wird.

Der Autor

Dr. Alfred Bierach, Psychotherapeut und Naturheilkundler, ist in eigener Praxis am Bodensee tätig. Mit der SIS-Methode hat er vielen Patienten geholfen, schlank zu werden.

Porzellanmalerei — eine reizvolle und traditionsreiche Kunst.

Biesterfeld, Edda
Kleine Kunst auf weißem Gold
– Ein Kurs zum Erlernen der Porzellanmalerei –
160 Seiten, 28 Abb.
11,5 x 18 cm
DM 8,80
ISBN 3-612-20009-7
ETB 20009

Das Buch

Marco Polo brachte das erste Porzellan mit nach Europa, wo es später nacherfunden wurde. Inzwischen ist Porzellanmalerei eines der kreativsten Hobbies.
Die Autorin bietet mit diesem Buch eine Einführung in die Porzellanmalerei. Sie zeigt, zu welchem Zweck man dieses Hobby betreibt, wie man es erlernt, welche Stücke man selbst herstellen kann. Der Laie erfährt alles über Pinsel, Malöle, Materialbeschaffung, Reparaturen, Technik, Komposition. Tips, Anleitungen und Erfahrungsberichte, weiterreichende Literaturangaben und ein Lieferantenverzeichnis bieten dem Neuling eine solide Basis.

Die Autorin

Edda Biesterfeld, Leiterin einer Stadtbücherei, betreibt dieses Hobby seit über 10 Jahren und unterrichtet in Porzellanmalerei an der Volkshochschule.

Die Ängste unserer Kinder.

Eberlein, Gisela
Ängste gesunder Kinder
– Praktische Hilfe bei Lernstörungen –
160 Seiten,
11,5 x 18 cm
DM 7,80
ISBN 3-612-20010-0
ETB 20010

Das Buch

Jedes Kind kämpft mit unbewußten Ängsten, die es in irgendeiner Form hindern, zwanglos fröhlich, aktiv und spontan zu sein. Nervosität, Schlafstörungen, Kontaktschwierigkeiten, ja sogar Asthma, Stottern, Bettnässen sind Folgen dieser Ängste, die durch gezielt angewendete psychologische und pädagogische Entspannungsübungen behoben werden können. Wie, das zeigt dies Buch.

Der Autorin

Dr. med. Gisela Eberlein lehrt in eigener Praxis, in Seminaren und Arbeitsgemeinschaften autogenes Training. Besonders bei Kindern erzielte sie über psychologisch und pädagogisch fundierte Entspannungsmethoden große Erfolge.

Geistige Vorstellung malerisch ausdrücken.

Gabisch, Eva
Chinesische Malerei
– Anleitung für ein schöpferisches Hobby –
96 Seiten, 31 Abb.
11,5 x 18 cm
DM 5,80
ISBN 3-612-20011-9
ETB 20011

Das Buch

Innere Ausgeglichenheit und Harmonie sind in unserer Zeit durch Unruhe, Hektik und Unsicherheit notwendiger geworden denn je. Eine Möglichkeit zur Selbstverwirklichung bietet die Kunst der chinesichen Tuschemalerei. Die Autorin führt gründlich in das Wesen dieser Malerei ein. Sie bietet eine ausführliche Anleitung und zeigt in 30 Einzelübungen mit genauen Arbeitsvorlagen und einzeln erläuterten Arbeitsschritten, wie rasch dieses kreative Hobby erlernt werden kann. Eine Liste von Firmenanschriften vervollständigt den Band.

Die Autorin

Eva Gabisch ist Grafikerin. Sie beschäftigt sich seit Jahren mit der chinesischen Tuschemalerei und leitet eine Schule für chinesische Malerei und kreative Selbstentfaltung.

Jede dritte Frau leidet unter Orangenhaut.

Ulrich, Wolf
Zellulitis ist heilbar
– Orangenhaut vorbeugen und selbst behandeln –
128 Seiten, 51 Abb.
11,5 x 18 cm
DM 6,80
ISBN 3-612-20012-7
ETB 20012

Das Buch

Zellulitis ist heilbar! Der Autor erklärt, wie Zellulitis entsteht und schildert, wie man Zellulitis erfolgreich vorbeugen kann und sie heilt. Er entwikkelte ein mehrstufiges Anti-Zellulitis-Programm, mit dem er durch Lebensführung, richtige Ernährung, Sport und Gymnastik, Massage, Medikamente und viel Geduld in zehn Wochen diese häßliche Krankheit heilen kann. 50 Bilder erläutern sein Programm und erleichtern dem Leser, es alleine durchzuführen.

Der Autor

Dr. med. Wolf Ulrich ist Facharzt für Hautkrankheiten.